Frank Heinrich im Gespräch mit Uwe Heimowski

Mission: Verantwortung

Frank Heinrich im Gespräch
mit Uwe Heimowski

Mission:
Verantwortung

Von der Heilsarmee in den Bundestag

NEUFELD VERLAG

Dieses Buch ist auch als E-Book erhältlich:
ISBN 978-3-86256-731-7, Bestell-Nummer 590 039E

Die Deutsche Bibliothek verzeichnet diese Publikation in der
Deutschen Nationalbibliografie; detaillierte bibliografische
Daten sind im Internet über www.d-nb.de abrufbar

Lektorat: Roland Nickel, Altdorf/Böblingen
Umschlaggestaltung: spoon design, Olaf Johannson
Umschlagbilder, Bilder im Innenteil: Susanne Domaratius, Büro Frank Heinrich, MdB
Satz: Neufeld Media, Weißenburg in Bayern
Druck: freiburger graphische betriebe GmbH & Co. KG, Freiburg

© 2013 Neufeld Verlag Schwarzenfeld
ISBN 978-3-86256-039-4, Bestell-Nummer 590 039

www.neufeld-verlag.de | www.neufeld-verlag.ch

Folgen Sie dem Neufeld Verlag auch auf www.facebook.com/NeufeldVerlag
und in unserem Blog: www.neufeld-verlag.de/blog

NEUFELD VERLAG

Inhaltsverzeichnis

Von der Heilsarmee in den Bundestag: Frank Heinrich[1]

Frank Heinrich ist Theologe und überzeugter Christdemokrat. Obwohl er erst seit 2007 Mitglied der CDU ist, kandidierte er bereits zwei Jahre später für den Deutschen Bundestag. Bevor er Politiker wurde, leitete er das Café der Heilsarmee in Freiburg. 1997 zog er mit seiner Frau und seinen vier Kindern nach Chemnitz, um gemeinsam mit den Offizierskollegen auch in Sachsen die Heilsarmee zu etablieren bzw. auszubauen.

Obwohl Frank Heinrich keine lange Parteikarriere vorzuweisen hatte, fiel die Wahl der CDU im Jahr 2009 auf den Theologen, als die Partei einen geeigneten Kandidaten für die Bundestagswahl suchte. Frank Heinrich wurde gefragt, ob er sich eine Kandidatur zutrauen würde. Er sagte zu. „Besonders am Herzen lag und liegt mir als Theologe die soziale Frage und diese Stimme wollte ich in Chemnitz vertreten", sagt Heinrich. Einen so glaubwürdigen Kandidaten brauchte die CDU. Dass sie auf den richtigen Kandidaten gesetzt hatte, zeigte sich im Wahlergebnis. Frank Heinrich holte in Chemnitz, Wahlkreis 163, auf Anhieb 34,01 Prozent der Stimmen. Er gewann sogar das Direktmandat und lag klar vor den Kandidaten aller anderen Parteien in Chemnitz.

Studium der Sozialpädagogik und der Theologie

Frank Heinrich machte 1983 am Technischen Gymnasium in Freiburg das Abitur und ging danach zum Zivildienst. Ab 1984 studierte er Theologie in Kanada, kam aber nach zwei Semestern nach Deutschland zurück, um ein Freiwilliges Soziales Jahr in einem Pflegeheim zu absolvieren. „Nächstenliebe und der Einsatz für Menschen, die Hilfe brauchen, war mir schon immer sehr wichtig", sagt der Politiker. Von

---

[1]   Quelle: Deutscher Bundestag, 2013. Dieser Beitrag, verfasst von Bettina Schellong-Lammel, wurde im Archiv des Deutschen Bundestags unter http://www.bundestag.de/dokumente/textarchiv/2011/37201530_wege_politik_heinrich/index.html.veröffentlicht.

1986 bis 1990 studierte Frank Heinrich an der Fachhochschule Freiburg Sozialpädagogik und übernahm nach dem Abschluss die Leitung von zwei Einrichtungen der Heilsarmee. Er arbeitete dort fast fünf Jahre als Sozialpädagoge.

1995 kehrte er auf die Schulbank zurück und studierte in Basel Theologie. Nach dem Studium zog Frank Heinrich von Freiburg nach Chemnitz. Er hatte inzwischen eine Familie gegründet und war Vater von vier Kindern geworden. In Chemnitz baute er gemeinsam mit seiner Frau die Heilsarmee auf. Er sagt heute über diese Zeit: „Es waren am Anfang sehr kleine Schritte und eine große Herausforderung, den – atheistisch geprägten – Menschen in Chemnitz christliche Gedanken nahe zu bringen. Vom Evangelium hatten die meisten noch nie etwas gehört und auch die Heilsarmee war den meisten Menschen völlig fremd. Mit der Zeit hatten wir kleine Erfolge, wir erreichten die Menschen mit unserem sozialen Engagement. Damals kamen oft nur wenige in unsere Gottesdienste, das wuchs auf mehr als Hundert."

Netzwerke für die Bekämpfung von Not

Im Jahr 1998 gründete Frank Heinrich die *Schwarzenberger Tafel*, einen Verein, der sich um Menschen in Not kümmert, sie mit Lebensmitteln versorgt, sie bei der Wohnungssuche unterstützt oder dabei hilft, Überschuldung zu überwinden. Im gleichen Jahr wurde er Vorsitzender der Evangelischen Allianz in Chemnitz und nur zwei Jahre später berief man ihn zum Vorsitzenden des Jugendarbeitskreises der Evangelischen Allianz in Deutschland. Innerhalb von wenigen Jahren hatte er sich in Chemnitz einen Namen gemacht, denn er unterstützte viele Bürger, die Hilfe brauchten.

Warum er sich in so vielen Vereinen engagiert, erklärt der Politiker so: „Wer für Menschen etwas erreichen will, braucht Netzwerke. Ich habe schnell gemerkt, dass man sich mit sehr vielen Institutionen, Verbänden und Organisationen vernetzen muss, damit Hilfe nachhaltig wird. Oft brauchen Menschen auch gar keine materielle Hilfe, manchmal reicht es, wenn man ihnen zuhört. Besonders schwer haben es die Kinder, deshalb habe ich mit Freunden das Projekt *Tellerlein deck dich* ins Leben gerufen. Ziel des gemeinnützigen Vereins ist, von Künstlern und anderen Prominenten künstlerisch gestaltete Teller zu versteigern oder zu verkaufen. Aus dem Erlös erhalten die Kinder eine warme Mahlzeit." Frank Heinrich schaffte in Chemnitz viel – ohne Parteibuch. Bis 2007 gehörte er nämlich keiner Partei an und war doch vielen Chemnitzern durch sein soziales Handeln gut bekannt.

Macher mit Erfahrung

Dass sich der Theologe im Jahr 2007 entschloss, in die CDU einzutreten, erklärt er damit, dass er das Gefühl hatte, als christdemokratischer Politiker noch mehr für die Menschen erreichen zu können. „Ich habe mich zwar immer für sozial Schwache eingesetzt, aber die Möglichkeit, auch politisch Einfluss zu nehmen und so die Bedingungen im Sinne der Menschen zu verbessern, schien mir ein gangbarer Weg", sagt der Theologe. Bald nach seinem Parteieintritt wählte man Frank Heinrich zum stellvertretenden Vorsitzenden des CDU-Ortsvereins Chemnitz Süd-West, denn solche „Macher" mit Erfahrung brauchte die CDU. Schon im Jahr 2009 wurde er von den Mitgliedern des Kreisverbandes Chemnitz zum Vorsitzenden gewählt und man schlug ihn als Direktkandidaten für die Bundestagswahl vor. „Damit hatte ich wirklich nicht gerechnet, aber ich freute mich über das Vertrauen, das mir meine Partei entgegen brachte", sagt Frank Heinrich.

Ein „Wagnis" war das für die Chemnitzer Christdemokraten offenbar nicht, denn Frank Heinrich war ein glaubwürdiger Kandidat, ein Netzwerker, dem man einen Wahlsieg zutraute. Er hatte sich in Chemnitz einen Namen gemacht, war bei vielen Menschen bekannt und arbeitete seit 1997 mit der Stadtverwaltung, den Kirchen und vielen anderen sozialen Einrichtungen und Institutionen eng und erfolgreich zusammen – was sein ehrenamtliches Engagement in 15 Vereinen und Verbänden verdeutlichte.

Glaubwürdigkeit und Authentizität

Im Bundestagswahlkampf stellte sich sehr schnell heraus, dass die CDU mit Frank Heinrich auf den richtigen Kandidaten gesetzt hatte. Seit 1994 hatte kein CDU-Kandidat mehr eine Direktwahl gewonnen, aber genau das gelang Frank Heinrich. Im Wahlkampf überzeugte er die Menschen mit Glaubwürdigkeit und Authentizität. „Ich wollte keine Versprechen machen, die ich nicht halten kann. Ich sagte den Menschen nicht, dass ich alles schaffen werde, aber ich versprach, mein Bestes zu geben. Das schönste Kompliment machte mir ein Parteifreund, der nicht glauben wollte, dass ich nicht aus Sachsen stamme. Er sagte, ich würde die Menschen erreichen wie einer von hier", erzählt Frank Heinrich rückblickend.

Am Ende eines anstrengenden Wahlkampfes, den er in Einkaufszonen, auf Marktplätzen und in Diskussionsveranstaltungen führte und in dem er den Menschen seine Ziele erklärte, stand ein Ergebnis von mehr als 34 Prozent für Frank Heinrich. Der Theologe hatte die Chemnitzer Wähler überzeugt und zog als direkt gewählter Abgeordneter in den Deutschen Bundestag ein.

Angekommen: Frank Heinrich im Deutschen Bundestag.

Unterstützung für Menschen in Nöten

Hier will sich Frank Heinrich für die einsetzen, die keine Stimme haben, denn er kennt die Sorgen von Hartz-IV-Empfängern, von allein erziehenden Müttern und Menschen in Not sehr gut von seiner Arbeit in der Heilsarmee. Für Menschen, die am Rand der Gesellschaft stehen, weil sie arm sind, will er sich besonders einsetzen. Als Christ fühlt sich Frank Heinrich dazu berufen, als Politiker dazu verpflichtet.

Frank Heinrich ist ordentliches Mitglied im *Ausschuss für Arbeit und Soziales* und im *Ausschuss für Menschenrechte und humanitäre Hilfe*, außerdem stellvertretendes Mitglied im *Ausschuss für Gesundheit* sowie im *Ausschuss für die Angelegenheiten der Europäischen Union* und im *2. Untersuchungsausschuss*.

Wurzeln – vom Mitfahren zum Mithelfen

Wir kennen uns seit vielen Jahren, haben eine Menge miteinander unternommen, sind Freunde. Und doch gelingt es Frank Heinrich immer wieder, mich zu überraschen. Zum Beispiel dann, wenn er die Geschichte und Geschichten seines Lebens erzählt. Das tut er meistens mit einem lächelnden Gesicht – eben „Happy Heinrich".

Frank, deine Biografie ist recht bewegt und auch ungewöhnlich. Da war am Anfang dein Weg in die Heilsarmee, dein Einsatz für die Menschen, die oft am Rande der Gesellschaft stehen, und dann der überraschende Sprung in den Bundestag. Das war buchstäblich einmalig, denn du bist der erste Heilsarmeeoffizier in der Geschichte der Bundesrepublik, der in den Bundestag gewählt wurde. Verrate mir einmal: Wie kommt ein Mann der Heilsarmee in den Bundestag?

Die Frage stellt man mir laufend – und ich selbst stelle sie mir auch immer wieder. Es kommt mir an manchen Tagen immer noch wie ein Märchen vor – selbst nach dreieinhalb Jahren im Bundestag. Trotzdem habe ich mich mittlerweile gut eingelebt.

Wenn ich die Frage seriös beantworten möchte, muss ich sie runter brechen auf meinen ganz persönlichen Weg. Ein Rezept, wie man von der Heilsarmee in den Bundestag gelangt, gibt es nicht – wie überhaupt die Wege in die Politik so vielfältig sind wie die Abgeordneten selber.

Mein persönlicher Weg war immer von einer Affinität zu politischen Themen begleitet. Damit meine ich nicht in erster Linie

Parteipolitik, und auch nicht, dass ich dachte, bei jedem Thema mitreden zu können. Aber es gab bestimmte Themen, die mich umgetrieben haben oder die mich maßlos ärgern konnten: Ungerechtigkeit etwa, alles, wo das Gegenteil von Solidarität passiert und wo dann selbst die Kommunikation scheitert: sei es zwischen einzelnen Menschen oder sei es zwischen ganzen gesellschaftlichen Gruppen, wenn etwa die weniger gut Situierten auf „die da oben" schimpfen, oder die Wohlhabenden auf „die da unten" herab schauen.

Wahrscheinlich bin ich wohl auch deshalb gerade bei der Heilsarmee gelandet, weil mir die Ungerechtigkeit in der Gesellschaft etwas mehr auf den Keks gegangen ist als dem Durchschnitt.

Frank Heinrich im Gespräch mit Uwe Heimowski.

Ich merke, dass die Frage der Ungerechtigkeit dich ziemlich stark bewegt. So stark, dass sie sogar deinen Lebensweg entscheidend geprägt hat. Wie ist es dazu gekommen? Welche praktischen Er-

fahrungen mit Ungerechtigkeiten hast du denn persönlich gemacht?

Ich habe schon so meine Erfahrungen mit der Ungerechtigkeit gemacht, allerdings weniger am eigenen Leib, was ja in der Regel ein starker Antrieb wäre. Mich haben vor allem meine Reisen hinter den sogenannten „eisernen Vorhang" bewegt und die Schicksale von Menschen in Osteuropa, denen ich begegnet bin. Mit meinen Eltern bin ich damals etliche Male in den „Ostblock", wie man es nannte, gefahren. Meistens nach Rumänien, aber auch in die DDR, nach Polen, Ungarn, Jugoslawien und bald nach der Wende auch in die Ukraine. Auf diesen Reisen erlebte ich mit, wie gravierend sich die Lebensumstände innerhalb von nur wenigen Kilometern änderten. Zugleich gab es aber auch so vieles, was uns und die Christen, die wir besuchten, miteinander verband. Da lebten Menschen in einem völlig anderen politischen System und unter äußerem Druck, aber unsere Herzen schlugen doch für die gleiche Sache.

Begegnungen hinter dem „Eisernen Vorhang" (Ungarn, 1983).

Meinst du damit, dass die Menschen damals in Deutschland und Rumänien eigentlich dieselben waren, trotz der recht unterschiedlichen politischen und wirtschaftlichen Umstände?

Nein, natürlich nicht ganz. Es gab sehr wohl einen großen Unterschied zwischen den Menschen im Osten und uns Besuchern aus dem Westen, und der war schon etwas überraschend: Wir Westler waren in der Regel die unzufriedenen und undankbaren Leute. Natürlich kann man das nicht verallgemeinern, aber ich habe das durchaus so erlebt.

Ich erinnere mich noch an einen Abend, den ich im ärmsten Teil von Rumänien verbrachte. Leider spreche ich die Sprache nicht und verstehe nur einige wenige Wörter. Wir waren zu einer Gebetsversammlung eingeladen und hatten an diesem Abend keinen Übersetzer dabei, aber ein Wort hörte ich immer wieder heraus: *Multumesc!* – Danke! In den Gebeten, in denen die Menschen aus der Gemeinde ihre tiefen Empfindungen ausdrückten, kam dieses Wort laufend vor: Danke! Ich habe damals gedacht: So etwas erlebe ich bei uns nicht. Das hat mich als jungen Menschen schon sehr bewegt.

Du hast gesagt, dass du bei diesen Reisen eine Menge über Ungerechtigkeit gelernt hast. An welche Situationen denkst du dabei? Wie hast du die Ungerechtigkeit erlebt?

Neben den unterschiedlichen wirtschaftlichen Bedingungen war es vor allem der politische Druck. Unter dem kommunistischen Diktator Nicolae Ceaușescu lebten die Menschen mit einer ständigen Angst vor Bespitzelung oder Gefängnis. Meistens spürte ich das nur indirekt, doch dann kam ich selbst in eine Situation, in der wir von Spitzeln der Geheimpolizei Securitate verfolgt wurden. Als Jugendlicher zwischen 14 und 16 findest du das sogar noch irgendwie spannend, aber wir hatten ja auch die Gewissheit: nach einer, zwei oder spätestens drei Wochen hätten wir wieder gehen können. Aber die Jugendlichen, mit denen ich mich in Rumänien angefreundet hatte, die hätten eben nicht gehen können. Für sie gab es damals keine Aussicht auf Freiheit. Ich hatte Freunde, die wurden stark unter Druck gesetzt, andere saßen sogar in Haft. Und selbst in Deutschland wurden Freunde von mir attackiert, als sie dort vor der rumänischen Botschaft demonstrierten.

Solidaritätskundgebungen für Rumänien – warst du damals mit dabei und hast mit ihnen dort demonstriert?

Ja, ich war mit eingeladen. Veranstalter waren christliche Gruppierungen, die befreundet waren mit Christen in anderen Ländern, in dem Fall in Rumänien. Sicher, das war eine kleine Demonstration, aber wir wollten der Politik deutlich machen, dass es in Deutschland solidarische Christen gibt, Menschen, die nicht einfach über die Verfolgung in Rumänien hinweg sehen wollten.

Man könnte also sagen, dass dich deine Erfahrungen im Ostblock „politisiert" haben, oder? Du hast dich eingesetzt, demonstriert, deinen Mund aufgemacht. Woher kommt eine solche Bereitschaft, so ein Engagement? Hat man das in den Genen? Wer oder was hat dich an dem Punkt geprägt?

Da kommen wahrscheinlich zwei Dinge zusammen. Einerseits war da der Arbeitsplatz meiner Eltern, die in einem Altenheim mitarbeiteten. Es wurde diakonisch geführt, man praktizierte dort eine große Solidarität. In dieser Einrichtung lebten Leute, die sonst auf der Straße gelandet wären. Sie hatten aus unterschiedlichen Gründen keine Rentenversicherung bezahlt oder hatten selbst von Spenden gelebt und keine Vorsorge für das Alter treffen können. Jetzt lebte man in „urchristlicher Gemeinschaft" unter einem Dach. Da gab es Arme und Reiche, aber alle bekamen das Gleiche: Kost, Logis, Zahnbürste und vielleicht auch mal Urlaubsgeld. Ich habe dabei ganz praktisch mitbekommen, wie schwierig manche Lebensumstände sein können, und mir wurde vorgelebt, dass man mit echter Solidarität viel ausgleichen kann. Die Starken teilten mit den Schwachen.

Andererseits waren da aber auch meine Erlebnisse in Rumänien. Mein Vater wurde in diese Arbeit buchstäblich „hineingeschwemmt". Das muss so um 1970 gewesen sein. Damals gab es im Sommer eine schwere Überschwemmung in dem Land. Mein Vater begleitete einen Hilfstransport des Roten Kreuzes. Die Erlebnisse damals bewegten meine Eltern so sehr, dass sie in den folgenden Jahren immer wieder mit Menschen in Rumänien in Kontakt blieben. Das waren in erster Linie freundschaftliche Kontakte, aber natürlich kamen immer wieder auch die verschiedenen Bedürfnisse zur Sprache. Sie halfen gerne, wo sie konnten, und organisierten Hilfstransporte. Bei solchen Gelegenheiten waren dann auch meine Schwestern und ich mit dabei.

Frank Heinrich mit seinem Vater Hans Heinrich bei einer der zahlreichen Reisen.

Was war denn damals bei den Hilfstransporten besonders gefragt?

Natürlich waren das Kleidung und Sachen für den täglichen Gebrauch. Doch schon bald zeigte sich, dass es einen echten Mangel an christlichen Büchern und Bibeln gab. Die waren so gut wie überhaupt nicht zu bekommen, da man die Christen im Sozialismus nicht gerne sah – sie galten oft sogar als Staatsfeinde. Also fing mein Vater an, auch mal unter den Wäschebergen oder den Hilfsmaterialien die eine oder andere Bibel oder ein Gesangbuch zu verstecken und ins Land zu schmuggeln. Das geschah immer in dem Wissen, dass wir uns damit in Gefahr begaben, erwischt und als „unerwünschte Personen" außer Landes gewiesen zu werden. Dann wäre es aus gewesen mit den Reisen und Hilfen. Weit gefährlicher waren diese Aktionen allerdings für unsere Freunde in Rumänien. Würde die Sache auffliegen, drohte ihnen Gefängnis, Folter oder Straflager. So haben wir unsere Hilfsaktionen immer bei Nacht und Nebel durchgeführt. Und trotzdem ging nicht immer alles glatt. Einmal flog ein Mann auf – weil ausgerechnet ich einen Fehler gemacht hatte. Er wurde damals brutal verprügelt, aber auch an mir ist dieses Erlebnis nicht spurlos vorbei gegangen.

In solchen Momenten empfand ich die Ungerechtigkeit besonders stark. Wir befanden uns in der gleichen Situation, was Alter, Familie oder Gemeindeleben betraf, doch die einen durften etwas tun, was die anderen ihre Freiheit, ihre Gesundheit oder sogar ihr Leben kosten konnte. Mir will es einfach nicht in den Kopf: Warum sollten Menschen nicht singen und in der Bibel lesen dürfen?

Du machst mich neugierig. Bleib noch einen Augenblick bei der Geschichte und erzähle mir, was damals genau geschehen ist.

Es geschah in einer Region, in der die Behörden besonders hinterher waren, wenn jemand Kontakte mit Leuten aus dem Westen pflegte. Wir hatten spät abends Freunde besucht. Dazu gehörte auch ein Pastor, der selbst hin und wieder Bibeln in die damalige UdSSR geschmuggelt hatte. Als wir schließlich aufbrachen, bemerkte ich schon nach wenigen 100 Metern, dass ich im Haus etwas vergessen hatte. Also drehten wir um und gingen nochmals zurück. Gerade dieser zweite Besuch fiel den neugierigen Nachbarn auf, und die erstatteten Anzeige. Der Pastor wurde sofort abgeholt und von der rumänischen Staatssicherheit, der Securitate, verhört und misshandelt.

Und alles nur, weil du etwas vergessen hattest. Es war im Grunde deine „Schuld". Wie bist du – gerade als junger Kerl – mit dieser Situation umgegangen?

Da möchte ich mal ein bisschen ausholen. Die Sache mit Schuld hat ja eine viel größere Dimension. Grundsätzlich bin ich froh, dass ich eine Beziehung zu Gott habe, die von der Vergebung lebt. Ich lebe aus der Vergebung Gottes. Dabei ist es nicht entscheidend, ob ich ganz offensichtlich etwas falsch mache, wie in diesem gravierenden Fall, oder ob ich „unsichtbar" Mist baue – was mit Sicherheit noch viel häufiger passiert. Wenn Gott mir nicht vergeben würde – wie sollte ich überhaupt damit klar kommen?

In diesem Fall ist es so, dass ich diesen Mann nie wieder gesehen habe. Es war mir auch nicht möglich, einfach irgendwo hin zu gehen und „entschuldige bitte" zu sagen. Einen Brief konnte ich ihm nicht senden, da das in dieser Region aufgefallen wäre. Westkontakte unerwünscht! Das hätte ihm noch viel mehr Schwierigkeiten einbringen können. Es tat mir damals sehr leid für diesen Mann, der ja schließlich wie ich ein Christ war und damit mein Bruder.

Neben diesen schwierigen und eher bedrückenden Momenten – gibt es denn auch schöne Erlebnisse in Rumänien, an die du dich gerne noch erinnerst? Was fällt dir dabei ein?

Natürlich gab es auch eine Menge schöner Erlebnisse. Ich erinnere mich an die Kinderfreizeiten in Rumänien, zu denen unsere Eltern uns mitnahmen. Ich war selbst damals fast noch ein Kind. Diese christliche Kinderarbeit – wir nannten sie Sonntagsschule – war damals natürlich verboten im Sozialismus. Selbst regelmäßige Kinderstunden waren nicht möglich. Die Gemeindearbeit wurde stark eingeschränkt und kontrolliert. Also fand eben eine Stunde vor oder nach dem Gottesdienst eine Familienstunde statt – Omas, Opas und Eltern alle mit dabei. Die saßen allerdings nur hinten drin und schauten zu. Das genügte aber, um das Ganze als Familiengottesdienst auszugeben, denn der war erlaubt.

Die Leute waren erfinderisch, wenn es darum ging, das Verbotene trotzdem irgendwie möglich zu machen, und meistens fand sich auch ein Weg. Etwa der, dass mein Vater sich entschied, selbst die Kinderfreizeiten zu organisieren. Würde man ihn erwischen, wäre das nicht so tragisch. Also machten wir Zeltfreizeiten, irgendwo weit draußen in der Wildnis, möglichst ab vom Schuss und gut versteckt. In einem Fall war unser Versteck so gut, dass weder wir noch unsere rumänischen Freunde wussten, dass wir mit unseren Zelten in ein militärisches Sperrgebiet geraten waren. Bis zu jener Nacht, in der wir in der Ferne die Kanonenschüsse hören konnten, die quer über unseren Zeltplatz feuerten. Da beteten meine Eltern sehr, sehr kräftig, dass doch bitte keiner wach werden sollte, damit keine Panik entstünde. Das war schon heftig, aber noch nicht alles. Später stellte man fest, dass es auf diesem Gelände auch noch freilaufende Bären gab!

Das hört sich ja ziemlich abenteuerlich an.

Auf jeden Fall, das war natürlich eine spannende Zeit, aber eben auch eine ernste, herausfordernde Zeit. Ich erinnere mich an ein Gespräch mit einem Pastor. Wir wollten etwas besprechen, das nicht jeder mitkriegen sollte. Plötzlich legte der Mann den Finger auf die Lippen, stand auf und schaltete das Radio an; ziemlich laut. Als er meinen verwunderten Gesichtsausdruck sah, erklärte er mir: „Jetzt können wir frei reden. Ich weiß, dass hier jemand ein Mikrofon eingebaut hat und mithört. Ich gebe mir erst gar keine Mühe, das zu finden – sonst ist bald wieder ein neues da. Wenn aber das Radio läuft, kann man nicht herausfiltern, was wir sagen.

Es fällt schwer, sich das heute noch so vorzustellen. Wie alt warst du eigentlich, als diese Reisen begannen?

Ich werde sechs oder sieben Jahre alt gewesen sein, als ich das erste Mal mitfuhr. Das war einfach eine Freizeit irgendwo auf einem öffentlichen Zeltplatz, wo es auch andere Touristen gab. Dann kamen entweder die Christen aus den Gemeinden zu uns auf den Zeltplatz oder meine Eltern sind abends mit in Gemeinden gegangen und haben dort ein Grußwort gesagt – predigen durfte mein Vater ja nicht. Da wurde es eben ein sehr langes und sehr biblisches Grußwort.

Rumänien, das war am Anfang für dich eine abenteuerliche Kindheits- und Jugenderfahrung. Doch irgendwann scheint sich bei dir etwas verändert zu haben. Aus dem Zuschauer wur-

de ein Akteur, jemand, der Verantwortung übernahm. Wie kam es dazu? Was ist da geschehen?

Die Verantwortung leitete sich für mich ab aus den Beziehungen, die gewachsen waren. Ich hatte ja wirklich Freunde gefunden und dachte an diese Freunde natürlich nicht nur während der drei Wochen im Jahr, die ich vielleicht mal dort zu Besuch war. Ihre ganze Situation, ihr Leben, das ging mir nach. Das hat mich verändert.

Wenn ich wieder zu Hause war und hörte, dass in der Gemeinde oder in der Schule einer so leichtfertig über irgendwelche Umstände schimpfte – dieses ganze undankbare und unzufriedene Gemecker, das konnte ich kaum noch ertragen.

Dann kamen bei mir sofort die Bilder von meinen Freunden in Rumänien hoch. Diese Menschen, die so dankbar waren für jede Kleinigkeit, für jedes winzige Stückchen Freiheit. Für sie war es schon ein Freiheitsfenster, jemanden aus Deutschland, dem westlichen, kapitalistischen Ausland, zu kennen, und damit einen Blick nach draußen zu kriegen.

Mir wurde bewusst, wie viel ich ihnen bedeutete. Deshalb habe ich mir gesagt: Ich mach hier weiter, ich engagiere mich in den Spuren meines Vaters. So kam es, dass ich noch viele Fahrten nach Rumänien mitgemacht habe, als Selbstfahrer, aber auch teilweise als Begleiter, weil ich einfach alle Adressen kannte. Auf diese Weise habe ich mich da mit eingebracht.

Als ich dann 18 oder 19 Jahre alt war, hat mein Vater mich – und später auch meine Schwestern – immer wieder, wenn er selbst nicht konnte, auf Reisen geschickt, die wir dann geleitet haben.

Das war eine riesige Freude und es war eine riesige Anstrengung. Eine ziemliche Investition. Du musst ja auch die Zeit dafür finden, Urlaub nehmen, die Kosten selbst aufbringen. Auf der anderen Seite: Was darin an Sinnhaftigkeit steckt, das ist nicht bezahlbar. So habe ich gelernt: Verantwortung beginnt bei mir. Ich selbst muss damit anfangen. Wer Verantwortung übernimmt, profitiert ja selbst davon sehr viel; manchmal glaube ich sogar, man profitiert mehr als alle anderen.

Erinnerungen – Von Reisen nach Rumänien

Jahrzehnte später – Siebenbürgen im Frühling 2012[2]

Bewegende Erinnerungen tauchen auf. Ich bin zurück in der Stadt, die mich wie kaum eine andere geprägt hat. Die Stadt – und mehr noch – die Menschen darin. Hermannstadt, Sibiu. Freunde in den größeren und kleineren Gemeinden quer durch Siebenbürgen. Und jetzt sitze ich hier in diesem Hotel, von dem ich bisher nur den Parkplatz kannte: Ich hatte damals dort übernachtet, um unser Auto zu bewachen …

Ich schaue zurück. Und da ist so vieles, an das ich mich mit Dankbarkeit erinnere. Dieses Erbe hat sich in meine Geschichte eingegraben. Es hat mich geprägt. Das Erbe meines Vaters und zugleich das Erbe der Menschen, denen wir zusammen begegnet sind. Menschen, die mich tief beeindruckt haben und die in meinem Leben dauerhaft und nachhaltig Spuren hinterließen.

Meine Erinnerung beginnt 1970. Melonenberge stapelten sich auf dem Unteren Markt: ich war angekommen. Da waren die Tage auf dem Zeltplatz in „Salzburg". Meine Eltern waren abends immer zu Besuchen unterwegs, aber irgendwie haben wir Kinder das gar nicht mitbekommen. Denn da waren ja all diese liebenswürdigen Menschen, die wir – komische Angewohnheit eigentlich – „Anni Tante" oder „Walter Onkel" nannten. Wie viel hatten wir später zuhause von diesen Begegnungen zu erzählen!

Zuhause? Ach ja, ich sollte mich kurz vorstellen. Mein Name ist Frank. Und ich komme aus Baden-Baden. Und ich bin – richtig – der „Sohn von Hans". Und wer ihn kennt, den Hans Heinrich, der kann

---

2   Dieser Bericht erschien zuvor in dem Buch: Harald Nikesch, *Die Kraft des Evangeliums – in Siebenbürgen erlebt. Festschrift für Wilhelm Fritsch*. concepcion SEIDEL, Muldenhammer 2012.

sich vorstellen, wie sehr diese Zeiten und die Begegnungen mich geprägt haben. Hier in Hermannstadt/Sibiu bekam ich Anfang der 1970er auch meinen ersten Spitznamen. Als ich mehrfach meine Tapsigkeit deutlich zu erkennen gab, nannte man mich im „Kesslerhof" kurzerhand den „Pimpelhuber" (nach einem Buch der Familie Trobisch, deren Sohn sich wohl ähnlich unglücklich anstellte wie ich damals).

Jetzt laufe ich durch diese stolze Stadt, überquere die Lügenbrücke, suche die Franziskanergasse – und viele Gefühle kommen hoch. Ich stehe vor dem Haus der Brüdergemeinde und habe Glück, es ist jemand zu Hause. Wir reden eine volle Stunde miteinander, ich bewundere die Veränderungen. Hier hatte ich neben den vielen Treffen, Gottesdiensten und Gesprächen auch ganz persönliche Begegnungen mit Gott. Ich bin „ihm" begegnet in seinem Wort, in den Liedern und eben in den liebenden Menschen. Diese „Evangeliums-Christen" machten ihrem Namen alle Ehre, das hat sich bei mir eingegraben. Und bis heute beeinflusst mich, wie tief ich dort in „sein" Wort eingetaucht wurde. Ich begann in der Bibel zu lesen, „was das Zeug hält". Ich verdanke es dem Vorbild eines festen Glaubens, gegründet auf einer tiefen Beziehung zu unserem Vater im Himmel, den ich bei diesen Freunden fand, meinen Brüdern und Schwestern.

Aber da war noch viel mehr

Meine ganze Familie war „süchtig". Oder nein, das ist wohl das falsche Wort. Es ist eher ein „Fieber" gewesen. Mein Vater, „Hans-Onkel", sprach immer wieder davon, dass man sich einen „Bazillus" hole, wenn man einmal Siebenbürgen besucht. Er hat im Laufe der Jahre viele Freunde mitgenommen. Und wir alle wurden tatsächlich „angesteckt". Wir kamen wieder und wieder. Meine Eltern Ruth und Hans, meine Schwestern Bärbel und Christel. Unser Leben war selbst in den Zeiten, in denen wir nicht in Rumänien waren, von all dem ausgefüllt, was wir mit den Glaubensgeschwistern erlebt hatten. Seien es die Gebete gewesen oder die Vorträge, die mein Vater in verschiedenen Gemeinden in Deutschland hielt, die Dias, die wir mitbrachten und mit Gästen anschauten und kommentierten.

Aber in erster Linie waren unsere Herzen voll. Und dafür gebührt vielen an dieser Stelle einmal ein ganz großes „Danke!". Aus v elen Begegnungen wurde mehr als Freundschaft. Manchmal vermisse ich das noch heute! Da haben wir Abende und manchmal Nächte lang geredet und gebetet oder Räuber-Rommé und UNO gespielt .. Wir haben Schweres geteilt und zugleich viel miteinander gelacht – und das wurde in unserer Familie für immer ein Markenzeichen.

Mein Vater Hans war ein Mensch mit vielen Facetten. Sein Herz, sein Enthusiasmus, sein Glaube und sein Mut. Wo habe ich sein Wesen am meisten miterlebt? Bei den Menschen in Siebenbürgen. Dort lief er zur Höchstform auf. Nicht, dass er zu Hause ein anderer gewesen wäre, aber sein Herz wurde dort enttarnt, entdeckt, freigelegt – bei den Glaubensgeschwistern war er ganz er selber. Wegen „ihm" und wegen der Menschen. Das merkten wir als seine Familie besonders: Da sind seine verrückten Ideen, mitten in einem Dorf erst eine Gans, später dann ein halbes Schwein und irgendwann gleich mehrere zu kaufen – nicht immer ganz legal, aber immer von ganzem Herzen. Und dann hat er sie selber geschlachtet – die Bilder vom Küchentisch im „Kesslerhof" haben sich in mein Gedächtnis eingebrannt.

Ich erinnere mich an die Kinderfreizeiten in den Bergen, „Simbata 1973 und 1974", die – wie ich heute weiß (damals war ich noch zu klein dafür) absichtlich – weit ab vom Schuss stattfanden. Später erzählte man uns, diese Zeltplätze hätten so versteckt gelegen, dass in einem Jahr Raketen des Militärs über den Platz flogen und ein Stück weiter einschlugen – und die Gebete der Mitarbeiter waren vor allem darauf gerichtet, dass die Kinder nicht aufwachten und in Panik gerieten ...

Jede unserer Fahrten – und ich bin nicht mehr ganz sicher, aber ich glaube, ich war 27 Mal in Rumänien – schrieb eine neue Seite in mein Lebensbuch. Irgendwann begann ich als Teenager zu begreifen, dass hinter all dem mehr steckte als die Gemeinden und die Freundschaften, die Hilfstransporte und die Spendensammlungen. Ich begann neben all den Abenteuern und Freuden die Ernsthaftigkeit der Bedrohung zu verstehen. Ich hatte immer die „Hintertür", denn wir konnten ja wieder nach Deutschland zurückkehren, während ihr alle bleiben musstet. Das hat mich für meine eigene Lage sehr, sehr dankbar gemacht. Gleichzeitig wurde ich wütend. Ich hatte begriffen, dass es ungerecht ist. Und wenn ich dann hörte, wie man meine Freunde „plagte" (und das ist jetzt wahrlich ein Euphemismus – eine Verniedlichung), hätte ich platzen können. Ich erinnere mich an die Gespräche mit den Spitzeln in den Gemeinden, von denen wir wussten, „wer" sie waren und „wozu" sie gehörten – und uns doch nichts anmerken lassen durften. Ob es dann in Schäßburg war, in Mediasch, in Sibiu oder in einem der Orte in der Umgebung: man wurde dieses Gefühl, beobachtet zu werden, nicht mehr los. Ich erinnere mich an die Inhaftierungen von Freunden – mein ganzes Leben hatte einen ganz anderen Blickwinkel bekommen, Freiheit einen hohen Stellenwert. Ich ging zu einer Demonstration in Köln vor der rumänischen Botschaft – Anlass war die Haft eines Freundes aus Hermannstadt.

Wie viel Mut hatten unsere Geschwister und Freunde. Meine Schwester lag eines Nachts auf der Couch am Fenster bei Freunden in Hermannstadt. Vom Schein einer Taschenlampe wurde sie wach. Jemand war auf den Baum vor dem Haus geklettert und wollte herausfinden, ob hier jemand aus dem Westen schlafen würde; denn in Privathäusern zu übernachten war in jener Zeit im Kommunismus verboten. Ich kann mich nicht mit Sicherheit erinnern, aber ich glaube, in Sibiu habe ich in all den Jahren nicht ein einziges Mal im Hotel übernachtet. Der Staat wollte unsere Devisen zwar gerne dort haben, doch wir suchten die Nähe zu Freunden und Geschwistern.

Und jetzt sitze ich genau dort, im Hotel draußen in der Calea Dumbravii, und sehe die Zeit an mir vorbeieilen. Doch, wie eingangs beschrieben, habe ich das eine oder andere Mal zumindest auf dem Gelände des Hotels übernachtet – aber aus ganz anderen Gründen: ich habe unser Auto bewacht und deshalb drin geschlafen. Und das war notwendig, wie jeder weiß, der in dieser Zeit mit Rumänien zu tun hatte. Meine Mutter hatte wegen der Zimmer in den Hotel-Bungalows immer Zucker mitgebracht. Lange wusste ich nicht, warum, aber vor kurzem hat meine Schwester es mir erklärt. Der Zucker war für die Ameisen. Immer wieder waren ihr wohl in den Räumen Ameisenstraßen über den Weg gelaufen; und um diesen zu helfen, eine andere Richtung zu nehmen, legte sie ihnen den „Weg" mit einer dünnen Zuckerspur – clevere Mama!

Ich erinnere mich an ein Gebets-Treffen in der Küche einiger Geschwister – und plötzlich kommt ein Mann über den Garten und den Hintereingang herein und berichtet uns, dass vorne an der Straße jemand seit einiger Zeit versucht herauszufinden, ob hier eine illegale Versammlung stattfinde; wir sollten doch bitte vorsichtig sein. Für mich als Jugendlichen war das spannend und aufregend. Zugleich aber auch beängstigend, denn dahinter drohte ja immer eine reale Gefahr. Für uns selbst natürlich, aber vielmehr noch für all unsere Freunde. Einmal hatte ich bei einem Termin in der Moldau eine Kamera liegen lassen; das war für sich genommen schon zu gefährlich für unseren Gastgeber. Doch als wir deshalb eine halbe Stunde später noch einmal zurückfuhren, wurde die Securitate aufmerksam – trotz all unserer Vorsicht – und der Bruder wurde abgeholt, verhört und bedroht. Bei unserer nächsten Begegnung hörte ich davon, wie er bei einer ähnlichen Untersuchung verprügelt und übel zugerichtet wurde.

Nein, ich habe bei weitem nicht alles mitbekommen, meine Eltern haben versucht, uns Kinder nicht allzu sehr zu belasten; aber es war immer noch genug, um mich nachhaltig zu prägen.

Ich erinnere mich an die vielen Wunder der Bewahrung. Da sind die – damals verbotenen – Transporte von Bibeln und anderen Büchern. Zunächst über die Grenzen und dann quer durch Rumänien. Unter viel Mühe und Risiko wurden diese Transporte vorbereitet und durchgeführt. Immer wieder verhinderte der Pfiff einer Lokomotive oder das Hupen eines Autos oder die „Blindheit" eines Beamten oder auch eine ausgefallene Stromversorgung in letzter Sekunde die Enttarnung – und somit die Inhaftierung des einen oder anderen „Schmugglers", denn so musste man uns und unsere Freunde ja nennen.

Viele der Fäden liefen bei Willi Fritsch zusammen. Auch von ihm erfuhren wir, wie Gott geführt und bewahrt hat. Ich erinnere mich an einen augenöffnenden Moment in seinem Wohnzimmer. Ein junger Bursche war ich. Mein Vater Hans und ich tranken Kaffee und aßen „Mehlspeise" (Kuchen). Auf einmal ging Willi zum Radio, drehte es auf einen Musiksender und stellte es sehr laut. Das kannte ich nicht, es war nicht üblich, laute Musik zu hören. Aber auf einmal wurde über Themen geredet, die vorher ausgespart geblieben waren, Namen, Adressen und Pläne. Und langsam dämmerte es mir, und mein Vater gab mir im Wagen die Bestätigung. Man wurde abgehört. Damit hatte man sich abgefunden, und wenn man die Wanzen enttarnt hätte, wären nur neue installiert worden. Also behalf man sich mit dem „Radiotrick" – denn kein Abhörgerät konnte über einen Klangteppich hinaus hören, was im Raum gesprochen wurde.

Kluge und mutige Menschen. Wo die Kraft und der Mut, die Klugheit und die Ausdauer nicht ausreichten, waren es der Glaube und die Hand Gottes, die den Unterschied machten.

Nein, nicht in jedem Fall blieb es schmerzfrei – oft richteten der Staat und seine Gewalten Schäden an. Aber hier lernte ich etwas für mein Leben: „Wir sind bereit, den Preis zu bezahlen." Das war ein Teil des Glaubens und Handelns der Schwestern und Brüder unter den staatlichen Bedingungen. Viele von ihnen haben einen hohen Preis bezahlt.

Wenn ich heute in meinem Heimatland einen Sitz im Parlament ausfülle und dort für die Menschenrechte, zu denen Religionsfreiheit gehört, und gegen jede Form von Unterdrückung kämpfe, dann hat das seine Wurzeln auch in Siebenbürgen. Die Freunde, ihre Bereitschaft zu leiden, ihr tiefer Glauben – diese Zeit mit und bei den Glaubensgeschwistern in Siebenbürgen hat meine Wahrnehmung, meinen Glauben und auch meine Hingabe gestärkt und geschärft.

Danke, Willi Fritsch, danke ihr Walter-Onkels und Anni-Tanten, danke an die vielen Kesslers.

Weichen – von Umwegen und anderen Entdeckungen

Frank Heinrich ist ein bodenständiger Mensch. Er sieht, was getan werden muss, und packt selbst an. Vor allem, wenn es um soziale und andere Missstände und Schieflagen geht. Sein Herz schlägt für die kleinen und großen Leute. Ich frage mich: Wie wird man so ein Mensch?

Frank, ich erlebe dich als einen sozial engagierten Menschen, der sein Herzensanliegen zum Beruf gemacht hat. Erzähl mir von den Anfängen. Wie sahen deine ersten Schritte ins soziale – und auch politische – Leben aus?

Erste Schritte? Das war vielleicht eher ein unruhiges Hin-und-her-laufen, Versuch und Irrtum, Begeisterung und Enttäuschung. So, wie das bei Jugendlichen wohl meistens der Fall ist. Auf jeden Fall spielte bei mir auch Musik eine prägende Rolle. Ich erinnere mich da noch sehr lebhaft an ein Lied des christlichen Pop- und Rock-Duos Arno und Andreas, in dem sie kritisch die Situation an Heilig Abend besingen. Für viele Menschen ist das ja leider nicht der schönste Abend des Jahres:

Wir saßen in der Kirche und sangen „Stille Nacht"
und im Stadtpark hat sich jemand umgebracht.
Man entdeckte ihn zu spät,
denn Heiligabend sind ja alle zu Hause.
Schöne Kerzen, warmes Licht, es war Weihnachtszeit.
„Macht hoch die Tür, die Tor macht weit" –

doch für Selbstmordkandidaten war sie ausgerechnet heute
geschlossen.
Frohes Fest, frohes Fest! Welch ein wirkungsloser Rest.[3]

Dieser Text hat mich so tief bewegt, dass ich mal recherchierte und herausfand, dass sich an Heilig Abend mehr Menschen das Leben nehmen als an jedem anderen Tag des Jahres. In dieser Zeit habe ich begonnen, in so einer Teestube mit zu arbeiten, um bewusst für Leute, die sonst bloß in der Innenstadt „rumtingeln", da zu sein. Wir hatten gerade auch an Heilig Abend geöffnet. Ich weiß noch, wie damals ein Mitglied aus der Leitung unserer Gemeinde auf mich zukam, weil sie gehört hatte, dass ich Heilig Abend nicht zu Hause bin. Sie nahm mir das so richtig übel und fragte mich, wie ich denn meine Eltern an so einem Abend allein lassen könnte.

Da hat sich für mich ein Widerspruch gezeigt. Ich habe etwas von ganzem Herzen für andere machen wollen, um einem Bedürftigen einen schönen Heilig Abend zu gestalten – zumindest war das meine Absicht –, und dann passiert so etwas. Da wird etwas geredet von wegen Verantwortung gegenüber den Eltern, ohne mal nachzufragen, was die denn eigentlich darüber denken. Meine Eltern waren nämlich vollkommen einig mit mir. Es ist nicht so, dass ich mich da einseitig abgeseilt hätte, dafür standen wir uns viel zu nahe. Doch offensichtlich gab es Leute, die einen solchen Einsatz für andere überhaupt nicht nachvollziehen konnten.

So etwas hat mich schon immer aufgeregt. Wahrscheinlich war ich da mit meiner Aktion nicht nur sozial engagiert, sondern auch schon ein wenig „politisch". Auf der einen Seite galt mein Einsatz Menschen am Rande der Gesellschaft, und auf der anderen Seite wollte ich mit meinem Tun das Unverständnis bei den gutbürgerlichen Christen verändern.

---

3   Arno & Andreas: *Frohes Fest*. Enthalten auf der LP/CD *Die Platte*. Abdruck mit freundlicher Genehmigung von Andreas Malessa, Hochdorf.

Wieso hattest du es denn gerade so auf die Christen abgesehen mit deiner kritischen Haltung?

Das lag wohl vor allem daran, dass ich zu der Zeit einfach fast nur mit Christen zu tun hatte. Wir lebten ja als ganze Familie in diesem Altenheim – und dort waren viele fromme Leute, sehr fromme Leute … Damals hätte ich gar nicht sagen können, ob sich andere Menschen genauso verhielten, aber mein Umfeld, das waren hauptsächlich Christen. Und dann kommt dazu, dass diese Christen sich ja auf Jesus Christus berufen – und der hat seine Zeit immer mit Menschen verbracht, die am Rande der Gesellschaft standen. Die Gutbürgerlichen hat er in die Pflicht genommen. Ich war Christ und wollte diesem Jesus nachfolgen, als junger Mann auch ziemlich radikal; da hat mich eine Frömmigkeit, die sich nicht in Taten ausgedrückt hat, maßlos geärgert.

Du wolltest als junger Mensch so wie Jesus gegen alles Spießige und gegen die Ungerechtigkeiten in der Welt kämpfen?

Ja, Gerechtigkeit war einfach mein Thema. Meine Mutter sagte mir vor ein paar Jahren, dass ich in dieser Zeit mal geäußert hätte, dass ich für die „Ärmsten der Armen" oder für „die Letzten und Unterdrückten" kämpfen möchte, und dass mein Ziel sei, mich für Gerechtigkeit einzusetzen.

Große Worte, aber wenn ich heute ganz ehrlich zurückschaue und das alles reflektiere, dann sehe ich da keinen starken Streiter für Gerechtigkeit, sondern eher eine blasse Erscheinung, die sich fast geschämt hat für ihren Glauben. Wir kamen ja aus so einer Kommunität, die in unserem Ort eher sektiererisch wahrgenommen wurde; wir waren also miteinander die Außenseiter im Ort. Viel von meinem Ärger über Ungerechtigkeit hatte wahrscheinlich damit zu tun, dass ich selbst ein Außenseiter war und mich ungerecht behandelt fühlte. Heute sehe ich das, doch damals war mir das nicht so bewusst.

Du hast dich geärgert über deine Kritiker, aber das hat dich offensichtlich nicht davon abgehalten, dich weiter einzusetzen. Wie ging es nun weiter für dich? War dir damals schon klar, welchen Beruf du ansteuern würdest?

Sonderlich klar war mir mein weiterer Weg zunächst nicht. Ich habe erst einmal die Mittlere Reife gemacht und bin dann auf ein Gymnasium gegangen, ehrenamtlich habe ich in der Zeit bei der erwähnten Teestubenarbeit und später in einer Caféarbeit mitgemacht und diese nach einiger Zeit auch mit geleitet. Ich habe mit dafür gekämpft, dass andere aus der Gemeinde sich beteiligten. Und ich bin auch immer wieder mit nach Rumänien gefahren. Aber als Berufsziel stand mir die soziale Arbeit nicht vor Augen.

Meine Schule war ein technisches Gymnasium. Da ich zu Zahlen eine Affinität hatte, dachte ich, das wird mein Weg werden. Ich hätte mir vorstellen können, später mal außerhalb von Deutschland zu leben und zu arbeiten, vielleicht als Mitarbeiter eines Missionswerks oder in der Entwicklungshilfe in irgendeinem Land der „Dritten Welt". Da wäre ich allerdings als Ingenieur oder in einem anderen technischen Beruf tätig gewesen.

Das war der Plan, doch dann lief deine Geschichte in eine ganz andere Richtung. Was kam dir denn dazwischen?

Nach dem Abitur war ich jung genug, um noch verschiedene Sachen auszuprobieren. Zunächst musste ich meinen Zivildienst leisten, was ich auch in einer Art sozialen Einrichtung gemacht habe. Darauf folgte ein Auslandsjahr an einem Theologischen Seminar in Kanada. Während diesen Studienjahres hat mich kaum etwas so sehr berührt wie die Stunden, in denen das Thema der Gerechtigkeit angesprochen wurde; das ließ mich einfach nicht los.

Den Ausschlag für meine spätere Entscheidung gab aber schließlich eine Begegnung nach meiner Rückkehr aus Kanada. Da fragte mich ein alter, weiser Mann, der mich über lange Jahre schon als Seelsorger begleitet hatte: „Frank, könntest du dir nicht vorstellen, Sozialarbeit zu studieren?" Ehrlich gesagt, hatte ich zu dem Zeitpunkt keine Ahnung, was das bedeuten würde. Ich kannte zwar alle möglichen sozialen Arbeiten, doch was Sozialarbeiter eigentlich sind und tun, das wusste ich nicht so genau. Mir stand da wohl so etwas wie eine Art Schulhausmeister mit sozialen Kompetenzen vor Augen. Nur dumm, dass Schule für mich jetzt nicht unbedingt der Ort war, an dem ich gerne arbeiten wollte. Da war ich ja eher der Buhmann, der Verlachte oder Verprügelte gewesen. Das empfand ich als ganz schlimm, aber wahrscheinlich haben mich diese persönlichen Erfahrungen erst fähig gemacht, mit den Schwächsten mitzufühlen. In der Schule war ich ja selbst ein Underdog.

Weil ich aber meinen Seelsorger mochte, sagte ich mir: Also, wenn der das in mir sieht, dann ist ja vielleicht etwas dran. Ich finde das zwar vollkommen crazy, aber es könnte ja sein … Was dann kam, weiß ich noch gut. Ich habe nämlich mit Gott darüber geredet: „Gott, wenn du wirklich meinst, dass das dein Wille ist, dann musst du mich bis in zwei Wochen so richtig scharf machen für das Thema."

So hast du gebetet? Das ist ja schon eine etwas seltsame Art …

Ja, gebe ich zu. Es war so eine Art Deal mit Gott. Ich würde nicht jedem unbedingt empfehlen, so einen Handel mit Gott zu machen, aber in diesem Fall, für mich persönlich, hat's gepasst.

Zunächst konnte ich ja nichts mit dem Thema anfangen. Dann habe ich mir eine Person aus meinem Bekanntenkreis gesucht, die mir etwas darüber erzählen konnte. Und tatsächlich: nach zwei Wochen hatte ich Feuer gefangen für diesen Studiengang. Weil ich nun auf jeden Fall meinen Teil der Abmachung mit Gott einhalten wollte, habe ich mich für einen Studienplatz in Sozialarbeit angemeldet, immer noch ein wenig unsicher. Na ja, auf jeden Fall wurde ich dort genommen. Im Nachhinein muss ich sagen: das war fast ein Wunder. Es gab viele mit meinem Notendurchschnitt, die wurden nicht genommen. Andere haben mir erzählt, sie hatten sich bei 25 Schulen beworben und waren bei vielen abgelehnt worden. Also sah ich das Studium erst einmal als meinen Weg an – aussteigen konnte ich ja immer noch.

So bist du also ins Studium gestartet. Wie hat sich das mit deiner Gewissheit weiter entwickelt? War es die Erfüllung deiner Wünsche?

Nein, zunächst gar nicht. Das Studium war für mich viel zu technisch, zu theoretisch. Es hatte immer nur indirekt mit Menschen zu tun. Damals habe ich immer wieder gedacht, ich müsste mich halt durch das Studium hindurchquälen – das sei mein Opfer für Gott. Vielleicht will er mich ja nach Thailand oder so schicken, um formal ein Kinderheim zu leiten, damit ich dann in meiner Freizeit Missionsarbeit machen könnte … Schräge Vorstellung, die wahrscheinlich mit dem Umfeld zusammen hing, in dem ich groß geworden bin. Manchmal habe ich mich auch bei dem Gedanken erwischt: Irgendwann schickt Gott dir ein Signal und sagt: Frank, geh nach Karlsruhe und studiere Informatik. Und dann musste ich an die Geschichte von Abraham denken, der seinen Sohn Isaak opfern wollte. Da hat Gott auch im letzter Minute eingegriffen und gesagt: Halt, Stop! Ich habe deinen Gehorsam gesehen. Nimm den Bock und lass Isaak am Leben.

Doch diese Stimme kam nie. Trotzdem änderte sich offensichtlich deine Stimmung. Woran hast du gemerkt, dass dieses Studium doch genau zu dir gepasst hat?

Es war im vierten Semester, als ich von einer Kommilitonin gefragt wurde, ob ich denn schon ein studienbegleitendes Praktikum hätte. Ich hatte natürlich noch keins, denn Phlegmatiker wie ich machen so etwas auf die letzte Minute … Also schlug sie mir vor, es doch mal bei der Heilsarmee zu versuchen. Sie half dort am Mittwochabend mit und wusste, dass man für den Dienstag auch noch jemanden gebrauchen könnte. Da habe ich mich dann gemeldet. Und in der Praxis hat es mir dann richtig gut gefallen.

Wie sah denn die praktische Mitarbeit bei der Heilsarmee aus? Was waren deine Aufgaben dort?

An einem Abend pro Woche half ich in einem offenen Café. Zunächst einfach nur als Ansprechpartner für Besucher, später habe ich auch Inhalte gestaltet. Eines der Programme hieß „Bibel aktuell", bei dem sich die Besucher über bestimmte biblische Themen und deren aktuelle Bedeutung austauschten. Da gab es dann heftige Diskussionen, und es ging heiß her.

Dort im Café bist du schon einigen sehr speziellen Leuten begegnet. Oft war ein junger Mann im Café, ein ziemlich durchgeknallter Typ, der inzwischen in lebenslanger Sicherungsverwahrung sitzt. Der hatte sich damals in eine junge Frau verliebt, die kurz vor meiner Zeit ein Praktikum bei der Heilsarmee gemacht hatte. Sie war recht aktiv und hat sich stark „gegen Rechts" engagiert. Allerdings erwiderte sie seine Liebe nicht. Da hat er sie eines Tages in die Luft gejagt.

Während des studienbegleitenden Praktikums
bei der Abendrunde „Bibel aktuell".

In die Luft gejagt? Meinst du das buchstäblich?!?

Buchstäblich! Er hatte immer wieder so technische Sachen erzählt
und von Schaltkreisen gesprochen – und dann hatte er eine Bom-
be gebaut, die er vor die Tür ihrer Wohnung legte. Zuerst dachte
man, es wäre ein Täter aus der rechten Szene gewesen, da zu der
Zeit gerade überall Kerzenmärsche stattfanden, durch die man sich
mit Opfern von gewaltsamen Neonazis solidarisierte. Und sie hatte
sich ja stark engagiert gegen Nazis. Als ich jedoch später von der
Polizei befragt wurde, konnte ich ihnen helfen aufzuklären, dass
es wohl weniger ein politisches Attentat war als die Tat eines ver-
schmähten Liebhabers.

Und du wolltest wirklich deine Zukunft mit Bombenbastlern und anderen ungewöhnlichen Leuten verbringen? Was hat dich da so sicher gemacht?

Nun, es war nicht die erste Erfahrung, die ich da gemacht habe,
denn da saßen ja wirklich viele „abgefahrene" Leute am Tisch. So

komisch die Typen aber auch waren, ich entdeckte für mich zwei wesentliche Dinge: Erstens: Ich komme mit denen klar. Und das war für jemanden wie mich, mit diesem speziellen christlichen Hintergrund, gar nicht selbstverständlich. Ich kannte weder das Milieu, aus dem die Leute kamen, noch passten ihre Werte und Worte zu meinen eigenen. Und trotzdem konnte ich mit ihnen umgehen. Das andere aber fand ich gerade für einen Sozialarbeiter fast noch wichtiger: Ich merkte, dass diese Leute auch mit mir klar kommen. Dabei könnten ja so viele Hindernisse im Weg stehen – vielleicht spreche ich eine komische Sprache oder ich benehme mich merkwürdig oder, oder. Und dann sitzt man da miteinander am Tisch und diskutiert über die Bibel. Es wird über wirklich alles geredet, und das in einer Sprache, bei der nicht nur ein „Frömmling" wie ich pausenlos erröten könnte. Ich war mittendrin, das war eine echte Herausforderung.

Alleine am Meer – Perspektive gewinnen.

Eine Herausforderung, die du aber angenommen hast?

Gerne sogar. Weil ich beides bemerkt habe: ich mag sie, trotz ihrer Schrägheit, und die mögen mich, trotz meiner Schrägheit. Ja, ich spürte sogar eine echte Liebe für diese Leute, selbst für die, die heute im Gefängnis sitzen – davon habe ich ja ausführlicher in meinem Buch *Lieben, was das Zeug hält. Wie Gott unser Herz verändert*[4] geschrieben. All das hat mir gezeigt: Dieser Beruf hat was, da liegt etwas drin, was ich gerne mache. Plötzlich betrachtete ich mein Studium nicht mehr nur als Gottes Idee, sondern auch als meine eigene Berufung, die genau zu mir passt. Ich weiß heute, dass Gott es gut mit mir meint und dass seine Gedanken gut für mich sind. Gottes Idee und mein Glück – da liegt gar kein Widerspruch drin.

Ich entdeckte sogar, dass mein großes Thema „Gerechtigkeit" auch hier in vielen kleinen Situationen seinen Platz hatte. Es war mir tatsächlich möglich, ein bisschen von der Ungerechtigkeit, die Einzelnen widerfahren war, wieder gut zu machen.

Das klingt ja geradezu begeistert. Hat das denn angehalten? Wie haben sich deine Studienerfahrungen bei der Heilsarmee auf deinen weiteren beruflichen Weg ausgewirkt?

Das Wort „Begeisterung" trifft es ganz gut. Deshalb habe ich direkt nach dem Studium bei der Heilsarmee in Freiburg angefangen zu arbeiten. Da gab es viele wirklich harte Momente. Mir sind später nie wieder so viele kaputte Leute, verletzte und beschädigte Persönlichkeiten begegnet wie in dieser Zeit. Wir mussten damals innerhalb von fünfeinhalb Jahren 16 Todesfälle miterleben: einer wurde von der Eisenbahn überrollt, ein anderer starb an einem Lungendurchschuss, weil der Polizist einfach schneller war als er mit seinem Messer, jemand ist unter der Brücke erfroren – also wirklich die ganze Palette, die man bei der Heilsarmee erleben kann. Und trotzdem war es eine meiner schönsten Zeiten. Ich habe gemerkt, dass mich die ganzen Tragödien nicht hart machen, sondern dass die Liebe für diese Menschen stärker war und bestehen bleibt.

---

4   Neufeld Verlag, Schwarzenfeld 2009.

Heilsarmee – vom Glauben und Handeln

Frank Heinrich macht kein Geheimnis daraus. Weder aus seiner Leidenschaft für Menschen am Rand der Gesellschaft noch aus seiner Liebe zu Gott. Der Glaube gehört einfach dazu. War es da nicht vorhersehbar, dass er eines Tages bei der Heilsarmee landen würde?

Frank, du bist der Heilsarmee zum ersten Mal während deines Studiums in Freiburg begegnet. Ein Zufall? Höhere Fügung? Auf jeden Fall bist du nach deinem Studium als Sozialarbeiter bei der Heilsarmee geblieben. Was hat es eigentlich mit dieser Truppe mit dem merkwürdigen Namen auf sich? [5]

Die Heilsarmee ist eine Freikirche mit einem großen sozialen Engagement. Sie wurde vor etwa 150 Jahren in England gegründet und arbeitet heute weltweit in über 125 Ländern. Zu ihren Besonderheiten – oder sollte ich sagen: Eigenarten – gehören die militärischen Begriffe und die Uniform. Außerdem verzichtet man als Kirche auch auf die Anwendung der Sakramente wie Taufe oder Abendmahl. Die Organisationsform hat den Vorteil, dass man schnell handeln kann, und die Uniform hat einen hohen Wiedererkennungswert. Der Verzicht auf Sakramente hat einen ökumenischen Hintergrund – der Gründer William Booth wollte nicht über Lehrfragen streiten, sondern lieber gemeinsam Menschen „retten". Das kommt im englischen Namen zum Ausdruck: Salvation Army – Rettungsarmee. Nach dem Motto „Suppe, Seife, See-

---

[5] Nähere Informationen über die Heilsarmee findet man in Uwe Heimowskis Büchern *Brunos Dankeschön. Geschichten von der Reeperbahn* (Erzählungen, Neufeld Verlag, Schwarzenfeld 2005) und *Die Heilsarmee. Practical religion – gelebter Glaube* (konfessionskundliche Monographie, Neufeld Verlag, Schwarzenfeld 2006).

lenheil" lag Booth das innere und äußere „Heil", heute würden wir eher sagen: „Wohlergehen", der Menschen am Herzen, daher die Übersetzung „Heilsarmee".

Nun bist du mit christlicher Prägung aufgewachsen. Aber hat das überhaupt zu den Vorstellungen der Heilsarmee gepasst? Hast du dich dort wohlgefühlt?

Absolut. Meine Eltern haben mir vorgelebt, was im Glauben wichtig ist. Das konnte ich zwar erst im Nachklang für mich so formulieren, aber es war gegenwärtig in ihrem Leben: drei Hauptelemente braucht es beim Christsein. Erstens einen tiefen Glauben – das ist ein klares Wissen über das, was mir wichtig ist, und eine ehrliche Beziehung zu Gott. Zweitens ein Bekenntnis dazu, also die Bereitschaft, für diesen Glauben Rede und Antwort zu stehen, wenn ich danach gefragt werde. Und Drittens: die barmherzige Tat. Mit anderen Worten: Herz, Mund und Hand. Das haben meine Eltern uns Kindern sehr glaubwürdig vorgelebt. Und genau das habe ich dann bei der Heilsarmee gefunden. Dadurch fühlte ich mich von Anfang an in dieser, wie du sagst, „merkwürdigen Armee" zu Hause. Später habe ich mich auch formell der Heilsarmee angeschlossen, bald nachdem ich dort arbeitete.

Die Heilsarmee ist also eine christliche Kirche mit einem speziellen sozialen Auftrag. Was gehört denn konkret zu ihren Aufgaben? Was habt ihr in Freiburg getan?

Die Arbeit der Heilsarmee unterscheidet sich natürlich von Ort zu Ort. Bei uns in Freiburg hatte die Heilsarmee ein Haus, das geöffnet war für die Leute von der Straße. Sie kamen rein und wurden willkommen geheißen. Mittags hatten wir für zwei Stunden geöffnet und es gab etwas zu essen. Die hauptsächliche Öffnungszeit war am Abend, ab fünf Uhr bis um Mitternacht. Da konnten die Leute einfach „stranden": reinschneien, ausruhen, reden, spielen. Es war ein sehr niederschwelliges Angebot in einer schönen, unkomplizierten Atmosphäre. Wir wollten vor allem erreichbar sein.

Da gab es nicht irgendwelche schlauen Plakate an der Wand, sondern wir waren persönlich und mit viel Zeit für die Menschen da. Das Café hieß „Insel". Jeder konnte hierher kommen, ob er gerade verfolgt wurde von der Polizei – das kam mehr als einmal vor –, oder ob er einsam war oder einfach schlecht drauf. Wir schauten zusammen Fußball oder spielten am Wochenende selbst Fußball, es gab Tischtennis und Billard, was halt gewünscht war von den Besuchern. Es war ein Begegnungszentrum mit 80 bis 100 Gästen pro Tag.

Frank Heinrich (links) als junger Sozialarbeiter an seinem Lieblingsplatz in der „Insel" – hinter der Theke.

Das Programm klingt ja ziemlich nach Jugendtreff oder offener Jugendarbeit. Welche Leute gingen denn vor allem auf euer Angebot ein?

Das mit dem Jugendtreff ist nicht ganz von der Hand zu weisen. Mir war wichtig, dass Jugendliche sich hier besonders wohlfühlen.

Wenn nämlich das Milieu und die Musik ihnen entsprechen, dann kommen sie auch gerne, statt auf der Straße herumzuhängen. Hätten wir den umgekehrten Weg gewählt und alles so gemacht, wie es die Obdachlosen gerne gehabt hätten, wären die Jugendlichen nicht gekommen. Wir hatten also die Woche über unser Mitternachtscafé gerade auch für die vielen Jugendlichen geöffnet.

Bei „Insel" denke ich sofort an das Inseldasein – schön kuschelig, aber auch weit weg von dem wirklichen Leben da draußen. War das so? An welchen Stellen habt ihr euch in der Stadt eingebracht?

Natürlich waren wir keine Insel. Das ist die Heilsarmee nie. Wir haben in verschiedenen Netzwerken in der Stadt Freiburg mitgearbeitet. Wir standen ständig im Austausch mit den Sozialarbeitern anderer Einrichtungen. Allerdings waren meine Kapazitäten für die Mitarbeit in anderen Gremien recht beschränkt, da ich die Leitung dieser Einrichtung hatte und bald auch noch für ein zweites Projekt zuständig war, ein Second-Hand-Möbellager, wie es die Heilsarmee häufig in Amerika betreibt.

Dass die Heilsarmee sich sozial engagiert, ist offensichtlich. Und wie sieht es mit dem politischen Engagement aus? Hast du in dieser Zeit die Interessen von Menschen auch schon irgendwie politisch aktiv wahrgenommen?

Ich habe während meiner Tätigkeit in Freiburg, insbesondere zum Ende meiner Zeit, sehr viele Kontakte zu verschiedenen Organisationen im sogenannten vorpolitischen Raum gehabt, wie etwa *Amnesty International*, *Open Doors* und anderen. Amnesty setzt sich ja für politische Gefangene ein und *Open Doors* für verfolgte Christen, das lag mir beides sehr nahe durch meine Erfahrungen in Rumänien.

Heißt das, dass Parteipolitik für dich überhaupt keine Rolle gespielt hat? Welches Verhältnis hattest du persönlich damals zur politischen Arbeit?

Parteipolitisch war ich zwar etwas interessiert, aber es hielt sich in Grenzen. Das änderte sich allerdings, als mir in Freiburg die ÖDP, die Ökologisch-Demokratische Partei, über den Weg lief. Die weckte mein Interesse. Damals stand gerade eine Wahl an und ich hatte mir vorgenommen, einmal alle Parteiprogramme anzuschauen. Also habe ich alle Parteien angeschrieben – und ich weiß noch genau, wer mir nicht geantwortet hat. Diese hatten offensichtlich wenig Interesse, mich zu gewinnen. Aber die ÖDP gab mir Antwort. Dabei entdeckte ich, dass es eine richtig große Schnittmenge gab zwischen dieser Partei und meinen Ansichten und Werten. Bei der ÖDP ging es ganz stark um konservative Werte wie etwa die Familie, oder um grüne Werte wie die Bewahrung der Schöpfung. Da fand ich mich wieder und ich entschied mich, diese recht kleine Gruppe zu unterstützen. Also wurde ich Mitglied und sagte mir, dass ich da mal mitgehe, wenn ich Zeit habe, um das eine oder andere mit anzuregen oder zu bewegen. Insgesamt war ich vielleicht zwei oder zweieinhalb Jahre Mitglied dieser Partei. Ich bin sogar mal auf einem Parteitag dabei gewesen. Was mich total überrascht hat: die erste Veranstaltung, die es dort gleich am Morgen gab, war eine Andacht. Das fand ich natürlich klasse. Im Rückblick würde ich aber nicht sagen, dass ich damals so richtig politisch aktiv gewesen bin.

Dafür wurdest du in der Heilsarmee immer aktiver. Wie hast du das mit deinem Studium und deiner damals noch jungen Familie auf die Reihe bekommen?

Zum Ende des Studiums hatte die Heilsarmee mich schon gefragt, ob ich nicht auf Dauer bei der „Insel" arbeiten wollte. Es fehlte jemand für die Leitung. Ich wollte. Das bedeutete, dass ich schon während meines Diplomsemesters in Teilzeit dort angestellt war. Da wir zu der Zeit bereits eine kleine Tochter hatten, habe ich unser Baby manchmal abends mitgenommen zum Dienst. Wenn du so ein kleines Baby auf dem Arm hast, dann bringt das selbst bei den größten Chaoten unglaublich liebenswerte Seiten zum Vorschein. Die Jungs waren teilweise schlagartig nüchtern. Verrückt! Manchmal hat mich meine Frau sogar in der Insel vertreten. Das hatte uns die Heilsarmee gestattet. Auf diese Weise bekamen wir gemeinsam ein Herz für diese Arbeit und diese Menschen.

Ein abgeschlossenes Studium, eine erfüllende Arbeit, eine aktive Familie – was will man da noch mehr?

Nachdem ich etwa fünf Jahre die Leitung der Insel hatte, begann es irgendwie im meinem Kopf zu dröhnen. Ich sagte mir: Das ist nicht das Ende der Fahnenstange. Also fing ich an zu überlegen, welche Richtung wir als Familie denn nun einschlagen sollten. Schon länger hatten wir als Ehepaar den Eindruck, dass Gott uns irgendwie in einem speziellen geistlichen Dienst haben wollte. Freunde von uns arbeiteten als Missionare in Thailand, auf Tahiti und auf Haiti. Wollte Gott uns in einem dieser Länder haben?

Wieso seid ihr aber dann nicht in einem dieser Länder gelandet?

Ganz allmählich hatte sich bei mir ein völlig neuer Gedanke eingenistet, der sich nun bemerkbar machte. Da kamen plötzlich die Begriffe „vollzeitlicher Dienst" und „Heilsarmee" in Kontakt. Konnte es sein, dass unser vollzeitlicher Dienst in der Heilsarmee stattfinden sollte? Das hätte ich am Anfang nie geglaubt. Es schien schon äußerlich nicht zu passen. Ich hatte lange Haare und war ganz und gar nicht der Uniformträger. Ich liebte meine Lederjacke mit Fransen und Motorrad fahren – nicht gerade das, was man sich unter einem Mann in Heilsarmee-Uniform vorstellt … Ungefähr ein halbes Jahr trug ich diese Gedanken mit mir herum. Ich nahm mir Zeiten zum Fasten, und Beten, was man als Christ so macht, bis ich für mich eine Antwort gefunden hatte. Meine Frau hat das gemerkt, aber da nach dem Verständnis der Heilsarmee auch bei Ehepaaren jeder eine eigene, unabhängige Berufung für diesen Dienst braucht, habe ich ihr das nicht erzählt. Ich wollte, dass jeder für sich ein Ja findet, und habe gewartet.

Irgendwann sagte sie: Ich komme irgendwie nicht drauf. Wenn du einen Weg siehst, dann sag mir das, damit ich prüfen kann, ob es einen Widerhall bei mir findet. Da habe ich es ihr erzählt. Noch an dem gleichen Abend hat meine Frau Regina bei anderen Heilsarmeeoffizieren angerufen und sie ausgequetscht: Was bringt das eigentlich alles mit sich, wenn man Offizier bei der Heilsarmee wird? Wo muss man da hin? Und wie ist das auf der Schule? Ich war ganz fertig, einfach baff. Sie hat sofort Nägel mit Köpfen gemacht, hat nachgeforscht und gefragt, hat die ganz praktischen Dinge abgeklopft. Das war ihre Art, mit unseren Fragen umzugehen.

Was hat Regina denn bei ihrer Recherche herausgefunden? Und welche Schlüsse habt ihr daraus gezogen?

Wir haben uns kurze Zeit danach bei der Leitung der Heilsarmee in Köln gemeldet und den Verantwortlichen signalisiert, dass wir bereit wären, diesen Weg zu gehen. Dann wollten wir ihre Meinung dazu hören. Du musst wissen, dass wir damals zwar zum Freundeskreis der Heilsarmee gehörten, aber noch keine Vollmitglieder, sprich Soldaten waren. Wir erfuhren dann, dass man erst mal Heilssoldat werden muss, bevor man Offizier werden kann, und dass außerdem die Bewerbungsfrist für das Jahr 1995 bereits abgelaufen war. Eigentlich ging also nichts mehr.

Doch dann haben wir erlebt, wie flexibel die Heilsarmee ist! Natürlich haben sie gesagt, ihr müsst schon Mitglieder werden. Das war aber kein großes Problem. Wir kannten die Heilsarmee ja und wussten, worauf wir uns einlassen: gleichzeitig kannten die uns und wussten, wie wir arbeiten. Es hat am Ende tatsächlich nur sechs Monate gedauert von dieser Entscheidung bis zu unserem Wechsel in die Offiziersschule.

Frank Heinrich ganz privat: Im Kreis seiner Familie in Chemnitz (2011).

Ihr seid dann also umgezogen und du hast die Offiziersschule der Heilsarmee besucht. Wie sieht die Ausbildung an dieser Schule aus?

Die Offiziersschule ist eine theologische Ausbildungsstätte, weniger eine soziale. Es wird Altes und Neues Testament unterrichtet, da studierst du die Grundlagen von Kirchengeschichte, Ethik, Dogmatik, Predigtlehre und Seelsorge. Das ist so wie auch bei anderen theologischen Ausbildungen. Das Besondere ist vielleicht, dass bei der Heilsarmee alle Berufsgruppen Offiziere werden können. Da kann der eine Doktor sein und der andere Bäcker. Voraussetzung ist nur, dass man überhaupt einen Beruf gelernt hat. Entsprechend unterschiedlich ist das Niveau der Studierenden. Auf jeden Fall verschafft die Ausbildung eine gute Basis in den verschiedenen Themengebieten.

Daneben gehören zur Ausbildung auch noch viele praktische Einheiten: Seelsorge, Tätigkeiten in verschiedenen Sozialeinrichtungen, Jugendarbeit, auch Einsätze mit Musik und Theater auf der Straße. So hatten wir die Gelegenheit, unsere Begabungen in vielen Bereichen auszuprobieren.

Das ganze lief zwei Jahre in Vollzeit, während denen wir mit den Kindern in einer Art Internat wohnten. Unser Schulort war Basel, wo die Offiziere für mehrere europäische Länder ausgebildet werden. Deshalb läuft der Unterricht auch zweisprachig, auf Deutsch und Französisch. So haben wir als Familie auch zwei Jahre die Schweiz erlebt – unsere Kinder erzählen immer noch gerne davon.

Neben der theologischen Ausbildung habe ich davon profitiert, dass ich noch ganz passabel Französisch lernen konnte. Inzwischen findet die Ausbildung allerdings wieder in Deutschland statt und wird berufsbegleitend durchgeführt.

Chemnitz – von Freaks und Familien

> Wer sich der Heilsarmee zur Verfügung stellt, muss mit allem rechnen. Du landest gerade dort, wo sie dich braucht. Für Frank Heinrich und seine Familie bedeutete das nach der Ausbildung in Basel: Wir starten in ein neues Abenteuer.

Frank, nach eurem Studium an der Offiziersschule der Heilsarmee bekamt ihr euren ersten Einsatzort zugewiesen: Chemnitz. Was ging dir durch den Kopf, als du diese Nachricht erhieltest?

Gute Erinnerungen. Ich bin zwar „Wessi", wie viele es nannten, habe aber die DDR vor der Wende bei einigen Gelegenheiten erlebt. Meine Eltern waren nicht nur nach Rumänien, sondern auch in die DDR gereist und hatten auch dort auf Sommerfreizeiten aktiv mitgearbeitet, auf sogenannten Kirchenwochen. Bei diesen Gelegenheiten waren wir auch in Karl-Marx-Stadt gewesen, wie Chemnitz zu der Zeit hieß. Auch dort hatte ich bereits Freunde und Bekannte. Ich habe anfangs meine Eltern begleitet und bin später alleine auf eine Bibelwoche gegangen, während sie auf eine andere fuhren. Dadurch habe ich wahrscheinlich auch ein wenig Gespür dafür bekommen, wie sie „ticken, die Sachsen".

Wie überraschend kam für dich dieser Auftrag?

Nicht so sehr, denn bei der Heilsarmee wird man als Offizier grundsätzlich von der Leitung an einen Ort geschickt, was dann „Marschbefehl" heißt. Es war uns relativ früh klar, dass man uns möglicherweise in die neuen Bundesländern bestallen würde. Hier war die Heilsarmeearbeit zu DDR-Zeiten verboten gewesen und befand sich nach der Wende erst langsam wieder im Aufbau. So waren wir im Kopf darauf vorbereitet. Man wusste nur nicht, welche Stadt das möglicherweise sein würde. Ich habe mich riesig gefreut, dass es Sachsen wurde und in dem Fall Chemnitz hieß, womit ich schöne Erinnerungen und alte Bekanntschaften verband. Und tatsächlich habe ich dort immer wieder Leute getroffen, die meiner Familie schon über den Weg gelaufen waren; besonders meinen Vater kannten viele. Da gab es also nicht so eine große Hürde. Darüber hinaus habe ich auch später nur ganz selten erlebt, dass man mich, wie man ja so schön sagt: als Wessi wahrgenommen hat – vielleicht, weil ich meinerseits die Leute auch nicht als Ossis wahrgenommen habe.

Am liebsten mitten unter den Menschen:
Fernsehgottesdienst von Chemnitz aus (2007).

Dann war Chemnitz ja eine gute Entscheidung, bei diesen verheißungsvollen Aussichten. Wie seid ihr genau in Chemnitz gelandet?

Wir reisten damals als komplette Familie an – vier Kinder, zwei Erwachsene. Damit kannte ich bereits die Hälfte der Heilsarmeegruppe in Chemnitz. Dort gab es damals außer uns nur noch eine

Vorgängerin, die wir allerdings in den ersten Jahren so gut wie nie sahen, weil sie die Heilsarmee verlassen hatte, eine weitere Mitarbeiterin, die aber nur noch zwei oder drei Wochen blieb, weil sie dann selbst auf die Schule der Heilsarmee ging, und dann war da noch ein Mitarbeiter, den wir vorher mal kennen gelernt hatten. Dazu gesellten sich dann noch die zwei Gottesdienstbesucher, die an einem durchschnittlichen Sonntag kamen.

Das klingt aber frustrierend. Was macht man denn in einer solchen Situation?

Hier hat sich bezahlt gemacht, dass ich Sozialarbeiter war. Neben der eigentlichen Gemeinde gab es ein kleines Kindercafé, in dem ein Nachmittag für Kinder angeboten wurde; dazu gehörte auch ein Proberaum, den die Kids zum Musizieren und Toben nutzen konnten.

Das Projekt wurde von der Stadt Chemnitz finanziell unterstützt. Dazu musste eine Fachkraft in dem Café sein – und das war ich ja. Und zum Glück kannte ich mich auch damit aus, wie man Anträge stellt. Das hieß für uns: Sozialarbeit leisten und die Gemeinde leiten, die sich sonntags traf. Sozialarbeit hatten wir ja schon gemacht, aber Pastoren in dem Sinne waren wir noch nie gewesen. Das war sehr spannend. Sehr spannend!

Wenn man sich heute die Heilsarmee in Chemnitz anschaut, kann man sich diese Anfänge kaum noch vorstellen. Die „Heilse" ist ein großes Familienbegegnungszentrum mit Jugendclub und Familienprogramm auf dem Kaßberg, die Gottesdienste sind gut besucht, viele junge Menschen kommen. Dazu ist eine neue Arbeit entstanden: das Begegnungszentrum 614 in Markersdorf, dem ehemaligen Fritz-Heckert-Gebiet. Was ist denn da passiert in den Jahren zwischen eurer Ankunft 1997 und heute?

Das Wort „passiert" trifft es wahrscheinlich am besten. Ich glaube, wenn ich am Ende meines Lebens etwas erzählen oder ein Buch darüber schreiben müsste, dann würde ich ihm den Titel geben „Es begab sich aber". Denn an vielen Situationen war ich eher passiv beteiligt. Natürlich bin ich froh, dabei gewesen zu sein, und auch stolz darauf, mit Herz und Hand mitgemacht zu haben. Ganz klar hat die Entwicklung auch etwas mit dem zu tun, was meine Frau Regina und ich beigesteuert haben. Aber bei vielem erlebte ich einfach, wie „es" passiert, dass „es" vorbereitet war; man könnte es auch „Führung" oder „Fügung" nennen. Ich habe in manchen Situationen einfach nur zugegriffen, habe einfach nur gemeinsam mit meiner Frau die Hand hingehalten und aus dem etwas gemacht, was gerade an Umständen da war.

Frank Heinrich als Heilsarmee-Offizier (hier in Aktion bei einem Jugendtreffen in der Schweiz): Den Menschen offen begegnen.

Erzähl doch mal einige Beispiele, wie ihr diese „Führung" erlebt habt. Wie wurde aus einem Zwei-Leute-Gottesdienst und einem kleinen Kindercafé ein blühendes gemeindliches Leben?

Einer der ersten Gäste, die zu uns kamen, kam nur deshalb, weil es bei uns im Haus eine Dusche gab. In seiner Studenten-WG hatten sie nämlich keine. Also hat er mit uns einen Deal gemacht. Er hat gesagt: „Ich kann Gitarre spielen, aber ich hab' keine Dusche. Ich begleite die Musik mit Regina zusammen im Gottesdienst, und dafür würde ich gern vor dem Gottesdienst bei euch duschen." Wir haben sofort zugestimmt.

Ein zweiter kam einfach deswegen, weil er bei uns nach dem Gottesdienst noch einen Happen zu essen kriegte. Es waren oft nur Kleinigkeiten, die die Menschen hergeführt haben. Die Bedürfnisse der Leute, die kannten wir ja vorher oft nicht.

Und dann gab es eines Tages die Anfrage der *Jesus Freaks*, die sich etwa ein Jahr zuvor gegründet hatten. Die sagten zu uns: „Jetzt können wir uns nicht mehr an der Schlossteichinsel treffen, weil es kalt wird im Winter. Seht ihr eine Möglichkeit, dass wir hinten bei euch im Keller sein dürfen?" Der Keller war noch relativ feucht, denn er war noch nicht ausgebaut. Überhaupt war da nicht viel drin und dran, aber er war von außen zugänglich. Also habe ich spontan zugesagt: „Ja, toll! Jugend im Haus ist immer gut!"

Bei der tradtionellen Weihnachts-Sammlung der Heilsarmee in Chemnitz (2004).

Jesus Freaks und Heilsarmee, das klingt ja schon ziemlich gegensätzlich. Wie passte das denn zusammen?

Oh, das passte richtig gut zusammen. Zumal die Herzen von *Jesus Freaks* und Heilsarmee in Chemnitz im gleichen Takt schlugen. Sie waren ganz nah an den Leuten dran, gingen eher raus und auf die Leute zu, anstatt auf Interessenten zu warten. Die *Freaks* wollten nicht unter sich bleiben, sondern wie wir Menschen am Rand der Gesellschaft erreichen.

Mit der Zeit haben wir erlebt, wie über die Monate immer mal ein paar von den *Freaks* sonntags in unseren Gottesdienst kamen. Umgekehrt gingen manchmal auch Leute, die sonst bei uns waren, dienstags abends zum „Jesus-Abhäng-Abend" – so nannten die *Jesus Freaks* ihren Gottesdienst. Es dauerte dann vielleicht ein oder zwei Jahre, in denen wir uns beschnupperten und gegenseitig kennen lernten, bis wir uns klar waren: eigentlich haben wir das Gleiche auf dem Herzen. Die Genetik der beiden Bewegungen und auch unser Anliegen in Chemnitz sind sehr ähnlich, im Fokus stehen Jugendliche, Kinder, Familien und Gemeinde.

Welche Konsequenzen hatte diese Erkenntnis? Habt ihr euch zusammengeschlossen?

In der Tat. Wir haben wir uns überlegt, wie das organisatorisch zusammen passen könnte: einerseits diese klare militärische Struktur der Heilsarmee und auf der anderen Seite das Leben und die Beweglichkeit, der „Drive" der *Freaks*. Am Ende haben wir einen gemeinsamen Nenner gefunden und uns zu einer Gemeinde zusammengeschlossen: Die Heilsarmee-*Jesus-Freak*-Gemeinde Chemnitz. Das ist bis heute ein einmaliges Gebilde.

Das klingt schon etwas schräg. Was haben denn die Leiter der Heilsarmee zu eurer eigenwilligen Entwicklung gesagt?

Das ist noch so ein Beispiel für „Fügung". In meinem ersten Jahr bei der Heilsarmee in Freiburg hatte ich ein Erlebnis, das für mich sehr prägend war. In unserem Café hatte mein damaliger Chef ein Poster hinter dem Tresen aufgehängt, auf dem stand drauf: Man muss nicht verrückt sein, um hier zu arbeiten, aber es hilft ungemein. Der Spruch ist ja an sich schon cool, aber wenn der Chef dann auch noch diesen Spruch ernst nimmt, wenn er dir die Freiheit gibt, auch mal was „Verrücktes" zu machen, ohne dir in den Rücken zu fallen, falls die Sache schief geht, dann befreit das ungemein …

Weißt du, wer damals in Chemnitz mein Chef war? Genau, es war der gleiche wie in Freiburg. Reinhold „Poldi" Walz war inzwischen zum Leiter der so genannten Ost-Division der Heilsarmee berufen worden. Damit war er verantwortlich für die Arbeit der Heilsarmee-Gruppen in einer der insgesamt vier Divisionen. Als Divisionsoffizier war er mein direkter Vorgesetzter. Deshalb wussten wir, wir können auch mal ein paar ungewöhnliche Sachen machen.

Bei der Predigt unter freiem Himmel.

„Ein paar ungewöhnliche Sachen" – was verstehst du darunter? Welche „verrückten" Dinge habt ihr denn noch angeleiert?

Na, zum Beispiel Zirkus. Irgendwann hatte mir Poldi Walz einmal erzählt, dass der Gründer der Heilsarmee, William Booth, früher immer wieder mal in einem Zirkus gepredigt hat, in Berlin beim Zirkus Busch. Das fand ich eine geniale Idee!

Und wieder, wie Gott das so macht, sehe ich eine Woche später ein Plakat in unserer Stadt, auf dem angekündigt wird, dass zur Osterzeit ein Zirkus nach Chemnitz kommt. Ich lese das Programm und sehe: Karfreitag keine Vorstellung. Det is ja der Hit, denke ich mir. Ein freier Feiertag, genauso wie damals bei William Booth, als die Artisten wegen des Buß- und Bettags nicht auftreten durften. Also entschied ich mich, genauso verrückt zu sein und den Direktor oder die Direktorin des Zirkus zu fragen, ob wir nicht in Zukunft mal am Karfreitag etwas gemeinsam machen wollen. Ich bin hin und da saß die Dame gerade an der Kasse: „Entschuldigen Sie, aber können Sie sich vorstellen, dass wir vielleicht nächstes Jahr, wenn Sie wiederkommen, bei Ihnen in der Manege einen Gottesdienst feiern?" Sie schaute kaum auf und antwortete: „Wir kommen nächstes Jahr nicht." „Und wie wäre es übernächstes Jahr?" Diese Zirkusse tingeln ja manchmal in weiten Touren durchs Land. Jetzt sah sie mich endlich an und machte so eine Schnittbewegung mit der Hand, die nach „Kopf ab" aussah: „Ich weiß nicht, ob es uns dann noch gibt." Damit war das Thema dann wirklich für mich gegessen.

Ich wollte schon gehen, da drehte sie sich noch mal zu mir und sagte: „Aber Herr Heinrich, wie wäre es denn diese Woche?" Da hat's mich erstmal kurz geschüttelt. Das hatte ich nicht erwartet und weder ihnen noch mir zugetraut. Zu dem Zeitpunkt kamen rund 10, höchstens 15 Leute bei uns in den Gottesdienst. Deshalb antwortete ich vorsichtig – es war schon fast geflunkert, denn eigentlich wollte ich nein sagen: „Ich will das jetzt nicht ablehnen, aber ich muss da mal ne Nacht drüber nachdenken."

In der Nacht habe ich nicht viel geschlafen, aber ich kam zu dem Ergebnis, dass sich so eine Chance nie wieder bieten würde, selbst wenn nur 15 Leute kämen. Was ist das für ein Signal, das Evangelium an so einem öffentlichen Ort predigen zu können! Im Zirkus, wo Leute kommen können, ohne über die Schwelle einer Kirche gehen zu müssen. Also ging ich am nächsten Tag zu ihr und wir haben einen Gottesdienst vereinbart. Er fand dann aber doch nicht am Karfreitag, sondern am Ostersonntag und zu unserer normalen Gottesdienstzeit um 17.00 Uhr statt.

Also habt ihr im Zirkus Gottesdienst gefeiert. Waren denn alle 15 Gemeindeleute dabei?

Zunächst habe ich in dieser Woche kräftig die Werbetrommel gerührt. Ich habe es nicht nur bei uns angekündigt, ich bin auch in andere Gemeinden gegangen und habe gefragt, ob sie nicht auch ihre Gäste dazu einladen wollen. Am Ostersonntag waren wir dann tatsächlich 230 Menschen! Das hat mich echt umgehauen, hat mir fast den Boden unter den Füßen weg gezogen. Als ich dann hinterher noch einmal drüber nachdachte, wie diese ganze Aktion zustande gekommen war, konnte ich nur staunend mit dem Kopf schütteln.

Dabei hatte ich an diesem Sonntag kaum mehr Arbeit bei der Vorbereitung als für jeden normalen Gottesdienst sonst auch. Die Predigt übernahm ein Gast, ich moderierte das Rahmenprogramm.

Erstaunlich, dass diese verrückte Idee doch so viel Zuspruch bekam. Hat man davon denn auch außerhalb des Zirkuszeltes etwas mitbekommen? Wie war das Echo in Chemnitz auf den Gemeindezirkus?

Das Echo war enorm! Wir wurden auf einen Schlag bekannt in der Stadt, bei Christen und bei Nichtchristen. Die Presse hat uns dabei geholfen, dass die Menschen auf uns aufmerksam wurden. Osterdienstag stand groß in der Zeitung: „Manege frei für Jesus Christus." Super! Außerdem wurde dieser Gottesdienst in den folgenden Jahren oft zeitversetzt im Chemnitz Fernsehen übertragen. Das nenne ich mal gute Öffentlichkeitsarbeit …

Die Idee haben wir natürlich beibehalten und in den folgenden Jahren auch Gottesdienste im Kino oder in einem Bergwerk gefeiert.

Dabei war mir jedoch stets wichtig, dass wir solche Aktionen und Gottesdienste immer auch mit einer guten, fachlich qualifizierten Sozialarbeit unterfüttern. Das Konzept ist mit den Jahren aufgegangen und es hat sich herumgesprochen, dass wir uns gut um Leib und Seele kümmern. Entsprechend wuchs unsere Gemeinde.

Von den sozialen Projekten hast du noch gar nichts erwähnt. Welche Schwerpunkte hat denn die soziale Arbeit der Heilsarmee in Chemnitz?

Zuerst haben wir unseren Jugendbereich ausgebaut. Die Not, der wir in unserer Stadt begegneten, sahen wir in erster Linie im Kinder- und Jugendbereich. Von den Jugendlichen, die zu uns kamen, hörten wir, dass es in vielen Familien große Probleme gab. Auch gab es in unserem Stadtviertel viel zu wenig Angebote. Nun haben wir in der Heilsarmee die Freiheit, vor Ort offen zu definieren, was wir für das Nötigste halten. Manche kümmern sich um Obdachlose, andere helfen Flüchtlingen, wieder andere starten Kinderprogramme. Eine schöne Freiheit, denn sie bietet viele Möglichkeiten. Wir entschieden, dass wir in Chemnitz etwas für Familien tun wollten, und legten den Schwerpunkt auf „Kinder und Jugend".

Baulich haben wir einiges verändert, so dass ein zusätzlicher offener Bereich entstand. Dort richteten wir ein Café mit dem schönen Namen „CamiLa" – Café mit Laden – ein, um das Haus für jedermann zu öffnen. Im CamiLa gab es auch ein paar Kleinigkeiten zu kaufen und wir machten konkrete Programmangebote wie Kurse und ähnliches. Tagsüber halfen uns dabei andere Leute. Einige kamen, weil das Gericht ihnen soziale Arbeitsstunden aufgebrummt hatte, andere wollten sich einfach so einbringen. Mittags haben dann alle gemeinsam gegessen, das war ein bisschen wie Familie. Nachmittags oder abends öffneten dann das Familiencafé und der Jugendclub für Besucher. Später entstand ein Kinderprojekt, das wir „McTurtle" nannten, bei dem wir ein spezielles Programm für Kinder auf der Straße oder in einem Stadtviertel anboten. Dabei hatte uns die Arbeit von Bill Wilson in New York inspiriert. Aus McTurtle im ehemaligen Fritz-Heckert-Gebiet in Chemnitz ist später ein zweiter Standort unserer Arbeit entstanden. Inzwischen gibt es dort auch eine Gemeinde und ebenfalls ein Begegnungszentrum für verschiedene Kulturen, mit Schwerpunkt für Menschen mit russischsprachigem Hintergrund.

Ein volles, tolles, buntes Programm, das nach viel Arbeit klingt. Mir fällt auf, dass du dabei sehr oft „wir" sagst. Wen meinst du damit?

Das sind natürlich zunächst einmal meine Frau und ich. Wir haben diese Arbeit zusammen begonnen und leiteten sie auch. Aber etwas so Großes und Vielfältiges kann man nicht bloß zu zweit machen. In der Gemeinde kamen ja die *Jesus-Freaks* dazu, die die Verantwortung für etliche Aufgaben übernommen haben. Ähnlich gab es auch in der Sozialarbeit immer mehr Leute, die sich dazu gesellten und uns halfen, den Karren zu ziehen. Nach und nach entstand ein Jahresteam mit jungen Leuten, die ihren Zivildienst oder ein Freiwilliges Soziales Jahr machten. Nach einer Weile stellten wir noch zwei Mitarbeiter ein. Heute leitet unser Nachfolger die Arbeit mit einem kleinen Stamm von Mitarbeitern plus Jahresteam und Praktikanten, die sich für eine bestimmte Zeit in der Gemeinde einbringen.

Eine so aufwändige und vielfältige Arbeit: das kostet bestimmt eine Menge Geld – ganz abgesehen von den Kosten für Umbau, Unterhalt und Personal. Wie habt ihr das alles finanzieren können?

Das frage ich mich auch manchmal. An der Stelle mussten wir immer wieder kämpfen, und manche Rechnung konnten wir nur mit Hängen und Würgen bezahlen. Es gab auch etliche Monate, in denen das Geld für unser eigenes Gehalt nicht übrig war. Bei der Heilsarmee verdient man ohnehin keine Reichtümer, aber dann ist es noch so, dass zwar feststeht, wie viel Gehalt man kriegen würde – aber immer unter dem Vorbehalt, dass auch genügend in der Kasse ist. Wir konnten uns manchmal zwei Monate lang unser Gehalt nicht auszahlen. Das waren schwierige Zeiten für eine Familie! Oft war das Konto überzogen, entweder das offizielle oder das persönliche. Also, da gab es auch schon ganze maue Zeiten.

Zum Glück fanden sich immer wieder Spender und Unterstützer. Die Gemeindearbeit wird vor allem von den Spenden der Mitglieder getragen. Gleichzeitig ermöglichte die gute, fachliche Sozialarbeit, dass wir durch die Stadt gefördert wurden. Und dann haben wir auch einige Unterstützer von außerhalb gefunden. Ich habe jede Gelegenheit genutzt, um Vorträge zu halten und für die Arbeit zu werben. Am Ende reicht es einfach – noch so ein Wunder.

Einblick – Von Kids und Kollegen

Club Heilse oder: Weil wir euch lieben, du Wichser![6]

Das Rudel taucht mitten in der Nacht bei uns im Club Heilse auf. Eine kleine Gruppe von chaotischen, kaputten Jugendlichen, die meisten sind sturzbetrunken. Angeführt werden sie von einer Dreizehnjährigen, die es weidlich ausnutzt, noch nicht strafmündig zu sein. In den Stunden zuvor haben sie unseren Stadtteil in Angst und Schrecken versetzt, nachts um zwei landen sie bei uns auf dem Grundstück.

Sie haben irgendwo gehört, dass Martin heute Dienst hat. Unser Mitarbeiter ist ausgebildeter Krankenpfleger. Er soll einen Jungen verbinden, der sich den Arm aufgeritzt hat und stark blutet. Während Martin die Wunde säubert und den Verband anlegt, beginnen sie von ihrer Nacht zu erzählen: Sie haben zusammengesessen, getrunken und gekifft. Dann zogen sie auf die Straße und machten sich eine Gaudi daraus, Spiegel von Autotüren abzutreten. Eine Telefonzelle demolierten sie, eine Schaufensterscheibe warfen sie ein. Bei einer Imbissbude drückten sie die Tür ein, stahlen alles, was an Alkohol im Regal stand und „vernichteten" es umgehend, was die Stimmung noch weiter anheizte. Als nächstes brachen sie ein Auto auf. Dabei verletzte sich der besagte junge Mann. Sie suchten nach dem Verbandskasten, fanden aber keinen, und brachen das nächste Auto auf. Mit dem Verbandszeug zogen sie zum „Club Heilse" und pochten an die Tür: „Martin, du musst ihn verbinden!"

Während Martin die Wunde versorgt, klingelt bei mir das Telefon. Eine aufgelöste Mutter ruft mich an. Ihre beiden Söhne gehören zu der Bande. Ob ich sie gesehen hätte. Ich kann sie beruhigen: „Ja, ich habe sie gesehen." Ob alles in Ordnung sei? Ich drücke mich so

---

6   Dieser Text erschien zuerst in dem Buch: Thorsten Riewesell, Ines Emptmeyer (Herausgeber): *Hoffnungsträger. Wahre Geschichten von Menschen, die Hoffnung bringen.* Gerth Medien, Asslar 2011.

vorsichtig wie möglich aus. „Nun, der eine ist etwas angetrunken." Offen gestanden war er total betrunken. Trotzdem ist die Mutter entsetzt: „Aber der trinkt doch überhaupt nicht. Der redet zu Hause immer gegen den Alkohol ..." Ihre Stimme versagt und sie bekommt fast einen Asthmaanfall. Heute frage ich mich manchmal: Was wäre wohl passiert, wenn ich ihr alles erzählt hätte?

Der „Club Heilse" ist ein Jugendclub, der zur Heilsarmee in Chemnitz gehört. 1997 begannen meine Frau und ich unseren Dienst als Heilsarmeeoffiziere in dieser schönen Stadt in Sachsen. Wir kamen frisch von der Ausbildung in Basel, davor hatte ich in Freiburg Sozialpädagogik studiert und eine zeitlang in einem Begegnungscafé der Heilsarmee Freiburg gearbeitet.

In Chemnitz hatte die Heilsarmee nach der Wende ein Haus zurück übertragen bekommen und darin ihre Arbeit begonnen. In der DDR war die Heilsarmee verboten gewesen. Es gab damals ein kleines Angebot für Kinder und Teenager: das Café Z (wir nannten es auch „Drei Z": Zuflucht, Zukunft und Zeit). Die Hauptzielgruppe waren Familien aus sogenannten „Multiproblemfamilien", die mit Scheidung, Schulverweigerung, Abhängigkeiten und Kriminalität zu kämpfen hatten. Wir merkten schnell, dass unser Angebot dem Bedarf an Hilfe nicht gerecht wurde.

Der Club Heilse liegt auf dem Kaßberg, einem Stadtviertel von Chemnitz, das eigentlich gut situiert ist, an den Rändern aber infrastrukturell schwierig, viele Häuser sind zerfallen und stark sanierungsbedürftig. Der Kaßberg wurde als eines von fünf Projekten in Sachsen in das Förderprogramm „Soziale Stadt" des Bundes aufgenommen. Entsprechend leben viele der angesprochenen Multiproblemfamilien auf dem Kaßberg.

Als ausgebildeter Sozialarbeiter setzte ich mich mit dem Jugendamt zusammen, das sofort mit im Boot war. Wir fragten ganz konkret: Wer lungert auf der Straße herum? Wer braucht ein Angebot? Wie kann dieses Angebot aussehen? Aus unseren Ergebnissen machten wir ein Konzept. Aber zunächst mussten wir uns gedulden.

Ein gutes Jahr nach unserer Ankunft wurden Räume im Haus frei, der Mieter musste kurzfristig ausziehen. Das war das Signal: Jetzt konnten wir mit unserem Jugendclub starten. Der Name „Club Heilse" entstand übrigens mehr oder weniger aus Scham. Weil keiner von den Jugendlichen sagen mochte „Ich gehe zum Jugendclub bei der Heilsarmee", bürgerte sich stattdessen „Club Heilse" ein. Ist ja auch cooler, und schneller auszusprechen. Neben den offenen Angeboten, bei denen wir einfach die Tür öffneten und für die Kids und Teens da waren, entstand in den nächsten Monaten und Jahren ein Volleyballplatz, eine Fahrradwerkstatt und unsere Familienecke „CamiLa" (Café mit Laden), zu der auch eine Kleiderkammer gehört.

Unseren Club besucht ein sehr gemischtes Publikum, sie gehören zu verschiedenen Gruppen und haben ganz unterschiedliche Hintergründe. Mich freut besonders, dass sich nie eine dieser Gruppen festgesetzt und die anderen rausgemobbt hat.

Eine Gruppe, die immer mal wieder auftauchte, waren die Randalierer aus der besagten Nacht. Auch bei uns versuchten einige von ihnen es mit Gewalt. Das ließen wir nicht durchgehen, einzelne erhielten Hausverbot.

Eine Episode am Rande: Als die Gruppe daraufhin zum benachbarten CVJM weiterzog, und da das gleiche Spiel versuchte, bekam ich einen Anruf. „Frank, was sollen wir machen? Bis bei euch einer rausfliegt, muss der Regen ja nach oben fallen. Aber wir sind das ja überhaupt nicht gewohnt." Auch dort bleib nur das Verbot als letztes Mittel.

Die Gang zog durchs Viertel und kam gelegentlich in den Club Heilse. So auch an einem fürchterlich kalten Wintertag kurz vor Weihnachten. Es war die kälteste Nacht des Jahres. Sie hatten sich an diesem Abend durch ihr Verhalten mal wieder völlig disqualifiziert: zwar waren sie nicht gewalttätig geworden, doch sie hatten andere Gäste angepöbelt und die Mitarbeiter beleidigt. Die Atmosphäre wurde immer aggressiver. Irgendwann blieb nur ein letztes Mittel: Wir schlossen das Haus für den Rest des Abends, alle mussten gehen.

Nur einer aus der Gruppe, ein Extrem-Schulverweigerer, der ziemlich links gerichtet war und eigentlich schon Hausverbot hatte, durfte bleiben. Der Grund: Er hatte eine Heidenangst, vors Haus zu gehen und wir wollten ihn schützen. Ein paar Tage zuvor hatte er nämlich ein Fahrrad geklaut, und wie sich später herausstellte, gehörte es einem Rechten, der ihm darauf hin schwere Prügel in Aussicht gestellt hatte. So stellten wir ihn halt erstmal bei uns sicher.

Draußen auf der Straße vor unserem Haus ging die Randale weiter. Ein Jugendlicher aus der Gruppe pinkelte ans Nachbarhaus. Ein empörter Bewohner sprang durchs Fenster im Erdgeschoss und stellte ihn zur Rede. Sofort stürzten sich zwei, drei seiner Kumpels auf den Mann, sie rissen eine Latte von unserem Zaun und prügeln brutal auf den Mann ein. Der Nachbar kletterte blutend durchs Fenster zurück.

Und doch hat sich dieser Mann übrigens nie beschwert über unsere Arbeit. Die meisten Nachbarn schätzen den Club Heilse. Nur ein Mann schaute immer aus dem Fenster und beobachtete das Geschehen, bis er ein Problem fand und herüber rief; schnell hatte er von den Jugendlichen einen Spitznamen verpasst bekommen: „Käptn Guck". Eine ältere Dame rief gelegentlich abends wegen der Lautstärke an, insgesamt waren wir aber sehr gut angenommen.

Wir überlegten, was wir machen könnten, um die Aggressionen auf der Straße etwas zu beschwichtigen. Es war ja, wie gesagt, klirrend kalt in dieser Nacht. Da hatten wir eine Idee: Wir kochen jetzt einen großen Topf Kakao und bringen den nach draußen. Gesagt, getan.

Und wie wir draußen stehen, alle einen dampfenden Becher in der Hand, ergibt sich ein Gespräch. Ein Jugendlicher fragt: „Warum macht ihr das denn noch, nach dem, was wir heute verzapft haben?"

Wir suchen nach Worten. Die netteste, ruhigste, zurückhaltendste und frömmste Mitarbeiterin, die eigentlich selten etwas sagt, findet als erste ihre Sprache wieder. In trockenem und sehr glaubwürdigem Ton sagt sie: „Weil wir euch lieben, du Wichser."

Ein paar Wochen später fuhren Mitarbeiter mit einigen aus der Gruppe zu einem Wochenende nach Johanngeorgenstadt im Erzgebirge. Sie zelteten, wanderten, spielten und es ergaben sich viele Gespräche. Die Jugendliche erzählten Geschichten, da läuft jeder Christ rot an. In den Zelten lagen „Neue Testamente", die die Mitarbeiter mitgebracht hatten. Spontan griffen die Jugendlichen danach. Viele

Fragen und tiefe Gespräche entstanden in dieser Nacht. Ein Hauptthema war Angst. Die Gruppe hatte in einem Nachbarhaus okkulte Praktiken probiert – und als sie plötzlich wirklich Antworten bekamen von dem Geist, den sie angerufen hatten, waren sie in Panik aus dem Haus gerannt. Der kleine Bruder der Anführerin erzählte von Erfahrungen mit einem Poltergeist. Nun begann er, die Bibel zu lesen. Er berichtete später – ganz nüchtern, als rede er über eine mathematische Gleichung–: „Seit ich Bibel lese, ist der Geist verschwunden."

Einige aus der Gruppe waren dann ab und zu im Gottesdienst. In Chemnitz ist die Heilsarmee mit den *Jesus-Freaks* fusioniert. Da betet schon mal jemand: „Gott, ich finde dich so geil!" Gleichzeitig hatten wir eine sehr steife, brüdergemeindlich geprägte Heilssoldatin. Ich fragte sie mal nach einem solchen Gebet: „Sind dir nicht die Ohren abgefallen?" „Doch. Aber Gott hat sie wieder dran gemacht."

Eines Tages hielt genau diese Frau einen Gottesdienst: sehr steif, ein uraltes Lied aus dem Gesangbuch, begleitet am Harmonium, die Andacht in solch salbungsvollem Ton, als würde die Weihnachtsgeschichte auf dem Märchenmarkt vorgelesen. Ich war auswärts auf einer Evangelisation. Abends ruft Regina, meine Frau mich an: „Weißt du was, heute waren 24 aus der Gruppe im Gottesdienst. Beim Singen haben sie gefeixt und sich lustig gemacht, ich habe schon einige böse Blicke vom Harmonium geerntet. Dann begann die Andacht. Du wirst es kaum glauben, es war noch nie so still."

Ein anderes Erlebnis im Gottesdienst. Ich leite einen Zeugnisteil, wer möchte, kann berichten, was er mit Gott erlebt hat. Eine Jugendliche steht auf. „Ich habe auch ein Zeugnis. Diese Tage ist mir beim Tütenbauen das Haschisch verloren gegangen. Ich habe gebetet: Gott, lass es mich wiederfinden. Und tatsächlich: ich hab's gefunden." Sie setzt sich wieder. Ich stehe etwas verblüfft da. Natürlich war das eine Provokation, und trotzdem war es ja auch eine Gebetserhörung. Was machst du da? Ich habe einfach den Nächsten aufgerufen.

So was passiert, wenn man sich um Jugendliche kümmert, die nicht ins Schema passen. Dann läuft es auch nicht nach Schema.

Aber wir machen es ja schließlich: „Weil wir euch lieben, du ..."

Politik – von der Mitarbeit zum Mandat

Mit Öffentlichkeit hatte Frank Heinrich selten ein Problem. Er sagt dir offen und frei, was er denkt. Er schaut über den eigenen Tellerrand. Er geht an die Öffentlichkeit, um Gutes zu bewirken. Mich wundert es nicht, dass jemand wie Frank irgendwann auch einmal von der Öffentlichkeit entdeckt wird.

Frank, euer Einsatz als Heilsarmee für die sozialen Belange der Chemnitzer war schon enorm, doch angesichts der Größe der Stadt nur ein Tropfen auf den heißen Stein, oder? Was hast du unternommen, um noch mehr zu bewegen?

In einer Stadt wie Chemnitz bieten sich durchaus Möglichkeiten, die eigenen Anliegen und Ideen zu multiplizieren. So habe ich in ein, zwei Gremien mitgearbeitet, die mit der Jugendhilfe befasst waren. Hier konnte ich Dinge mit anstoßen. Natürlich habe ich auch den fachlichen Austausch mit den Kollegen gepflegt und genossen. Bei diesen Treffen ergaben sich auch gute Kontakte zum Jugendamt, da meistens ein Vertreter mit am Tisch saß. Weil ich ein Netzwerker bin, waren mir diese Treffen sehr wichtig, auch wenn sie nicht so häufig stattfanden. Schön ist, dass diese Kontakte nicht von meiner Person abhängig waren. Als ich nicht mehr selbst hingehen konnte, besuchte einer unserer Sozialarbeiter diese Gremien. Das passiert bis heute.

Außerdem war ich Mitglied bei einigen Gemeinwesenrunden. Die wurden direkt von den Stadtvierteln initiiert und man traf dort verschiedene Partner, nicht nur aus dem Bereich der Jugendhilfe.

Und dann gab es noch die Netzwerke der christlichen Träger. In der Stadt Chemnitz arbeiteten wir intensiv im Rahmen der Evangelischen Allianz zusammen, in Sachsen vertrat ich die Heilsarmee in der ACK, der Arbeitsgemeinschaft christlicher Kirchen. Du siehst: Wir waren gar nicht so auf uns alleine gestellt.

Ihr habt euch auf unterschiedlichen Ebenen für das öffentliche Leben in Chemnitz interessiert und eingesetzt. Hat sich denn auch die Öffentlichkeit für euch interessiert? Wie sah das aus?

Doch, das Interesse an uns war durchaus da. Ich habe selbst immer wieder darüber gestaunt. Zum Beispiel dann, wenn wieder mal ein Vertreter der Medien kam und mich um ein Statement oder ein Interview bat. Einmal wurde ich um die Weihnachtszeit gefragt: „Wie gehen Sie damit um, dass jetzt der erste Kältetote in Sachsen gefunden wurde?". Bei einer anderen Gelegenheit sollte ich die Frage beantworten: „Herr Heinrich, wie stehen sie zur Schulnetzplanung?"

Da hatte uns offensichtlich der Ruf, den wir uns mit unserer Arbeit und den ich mit meiner Person über die Jahre hin erworben hatten, zu einer gewissen Autorität in sozialen Fragen werden lassen. Ich machte die Erfahrung, dass meine Meinung Einfluss hatte – auch im politischen Bereich.

Wie politisch ist denn die Arbeit der Heilsarmee?

Das muss allen klar sein: als Kirche und als Träger von sozialer Arbeit ist die Heilsarmee natürlich parteipolitisch neutral. Sie erhebt ihre Stimme zu sozialpolitischen Themen wie Armut oder Menschenhandel, aber sie steht keiner speziellen Partei nahe. Vielmehr ist sie offen für alle Menschen, auch wenn sie deren politische oder ideologische Einstellung nicht teilt oder, wie im Falle rassistischer oder menschenfeindlicher Einstellungen, sogar ausdrücklich ablehnt.

Allerdings verbietet die Heilsarmee ihren Mitarbeitern auch überhaupt nicht die persönliche politische Überzeugung. Ich war damals, als ich in die Heilsarmee aufgenommen wurde, Mitglied in der ÖDP, und das habe ich auch meinen Vorgesetzten mitgeteilt. Aufgrund unseres Umzugs bin ich zwar nach einiger Zeit wieder aus der ÖDP ausgetreten, aber mein Interesse an der Politik und politischer Arbeit ist geblieben. Natürlich bin ich mir bewusst, dass immer die Gefahr besteht, dass man seine Arbeit mit den persönlichen Ansichten vermischt.

Wenn du die Gefahr des Interessenkonfliktes ansprichst – wie hat denn dann dein politisches Engagement die Jahre über ausgesehen?

Auf jeden Fall flexibel. Aus der ÖDP bin ich raus, da bei meiner begrenzten Zeit ein wirksames Engagement nicht möglich war. Ich bin eben ein Mensch, der Dinge schon gerne ganz und mit vollem Einsatz tut.

Also habe ich nach anderen Möglichkeiten gesucht, die Anliegen, die mir auf dem Herzen lagen, auch voran zu bringen. Sei es durch Medien, sei es durch Netzwerke – oder sei es durch Politik.

Im Jahr 2002 habe ich sogar schon einmal bei einer Bundestagswahl kandidiert. Eine christliche Kleinpartei hatte mich angefragt. Ihr Hauptthema damals war die Familienpolitik, was für mich ein wichtiges Anliegen war und ist. Da ich jedoch nicht alle Inhalte dieser Partei teilte – ich bin nun mal ein ziemlich „sozialer" und auch „grüner" Konservativer –, ließ ich mich lediglich als neutraler Kandidat aufstellen. Ich wurde kein Mitglied, sondern sah hier die gute Gelegenheit, für eine Werte-orientierte Politik Stellung zu beziehen. Immerhin bekam ich damals rund 1.500 Stimmen – ein gutes Ergebnis, wenn man die Größe der Partei bedenkt.

Heute bist du aber Abgeordneter im Bundestag. Irgendwann muss es da also einen entscheidenden Schritt gegeben haben in Richtung aktive Politik. Wie kam es dazu?

Es muss 2005 oder 2006 gewesen sein, als ich mich immer häufiger dabei ertappte, wie ich mir Gedanken über unser Stadtviertel machte, in dem wir arbeiteten. Die bestehenden Netzwerke waren gut, aber ich wollte noch mehr bewegen für die Menschen. Je länger das ging, desto mehr brannte auch mein Herz für unsere Stadt.

Ich gebe es zu: Ich bin begeistert von Chemnitz, vom Kaßberg und von Markersdorf, den Stadtteilen, in denen die Heilsarmee ihren täglichen „Kampf kämpft".

In der Zeit suchte ich immer wieder das Gespräch mit befreundeten Politikern, die irgendwie schon in unserem Umfeld aktiv waren. Ich wollte wissen, was ich denn noch mehr tun könnte für unsere Stadt. Einer dieser Politiker gab mir den Rat, ich solle einfach mal versuchen, in der Stadt ein bisschen mehr mit zu tun. „Und was heißt das?", fragte ich zurück. „Schließ dich einer Partei an."

Nun ist es einmal so in der Stadtpolitik, dass man sich im Stadtrat kaum als neutrale, parteilose Person engagieren kann. Jetzt musste ich mir allerdings über eine Menge Dinge erst mal in aller Ruhe klar werden Was würde das denn bedeuten, wenn ich einer Partei beitrete? Wie ließe sich das mit meiner Arbeit und meiner Rolle als Geistlicher, als Heilsarmeeoffizier vereinbaren? Und natürlich auch die Frage: Welche Partei wäre tatsächlich die richtige?

Schließlich habe ich mich im Sommer 2007 entschieden, der CDU in Chemnitz beizutreten. Das hatte mehrere Gründe: Im Programm fand ich viele thematische Übereinstimmungen, auch als Christ konnte ich mich hier einfinden. Persönlich spielte mit hinein, dass ich einige Mitglieder kannte. Auf Chemnitz bezogen war und ist mir diese bürgerliche Kraft sehr wichtig. Freunde habe ich aber bis heute auch bei den anderen demokratischen Parteien.

Nachdem diese Entscheidung gefallen war, habe ich verstärkt auch in meinem Ortsverband mitgearbeitet, und dort konnte ich tatsächlich das eine oder andere mit- und vordenken. Das hat mir gefallen.

Danach passierte es dann ganz schnell, dass du als Kandidat für die Bundestagswahl nominiert wurdest. Wie ist es dazu gekommen?

Es ist halt „passiert", so wie du es selbst formuliert hast. „Es begab sich aber zu der Zeit …" Interesse an dieser Arbeit hatte ich ja schon immer, weil ich von jeher ein Mensch war, der gern politisch denkt, jemand, den auch das „politische Armdrücken", das Diskutieren und Ringen um Meinungen und Positionen begeistern kann. Ich liebe es einfach, wenn es um der Sache willen zur Sache geht.

Trotzdem konnte ich hier nicht viel für diese Entwicklung. Die Kandidatur ergab sich irgendwie fast von selbst. Es fing damit an, dass ich im Jahr 2008 ganz viel mit allen möglichen Leuten sprach. Schließlich war ich politischer Neuling und ich wollte wissen, wie die Dinge so gehandhabt werden in der Partei und in der Politik. 2009 sollten verschiedene Wahlen stattfinden und es hat mich einfach interessiert, wie Leute zum Beispiel nominiert werden, wenn es um den Stadtrat, den Landtag den Bundestag oder das Europaparlament geht. Besonders häufig habe ich eine erfahrene Dame mit meinen Fragen gelöchert. Sie kannte sich wirklich gut aus und konnte mir alles erklären. Sie sprach auch von den Klippen und Risiken einer Kandidatur – und auch von den Kosten. Und dann stellte sie noch fest: „Das Einzige, wo jetzt der Zug noch nicht abgefahren ist, ist eine Kandidatur für den Stadtrat und für den Bundestag."

Nicht mehr in Uniform dabei: Weihnachts-Sammlung der Heilsarmee in Chemnitz (2011).

Jetzt warst du also schlauer. Warst du auch mit dem Ergebnis zufrieden?

Ja, damit war für mich erstmal gut. Meine Fragen waren beantwortet. Eine Woche später besuchte ich dann eine Familie, deren Sohn mit unserem Sohn in die gleiche Klasse ging. Bis dato kannten wir uns als Eltern nur flüchtig. Wir wollten uns schon immer mal treffen, nun ergab sich dazu die Gelegenheit. Nachdem wir Kaffee getrunken hatten, nahm mich der Mann mit in seinen Garten, sagte, er wolle mir einfach ein bisschen was über das Haus erzählen. Doch dann platzte er heraus: „Herr Heinrich, da haben Sie sich aber etwas Großes vorgenommen!" Da habe ich ihn ein bisschen verdattert angeguckt, weil ich nicht wusste, wovon er redete. Er sah das Fragezeichen in meinem Gesicht und meinte: „Ja, in den Bundestag will nicht jeder, das ist schon eine Herausforderung, da müssen Sie wirklich wissen, ob Sie das wollen". Ich fragte entgeistert zurück: „Wie kommen Sie denn darauf?" Es stellte sich dann heraus, dass die Dame, die ich mit meinen Fragen gelöchert hatte, während der Woche gestreut hatte, dass der Heinrich kandidieren will. Ich sprach dann noch lange mit meinem Gastgeber, der auch Mitglied der CDU war. Es war ein sehr erhellendes Gespräch, das mir half, zu sortieren und zu prüfen. Auf jeden Fall stand nun die konkrete Frage für mich zur Debatte, ob ich auch tatsächlich für den Bundestag kandidieren wollte.

Wie geht man damit um, wenn man eine so weit reichende Entscheidung treffen muss?

Du brauchst Zeit. Ich habe mir immer wieder kleinere Auszeiten genommen, Zeiten zum Nachdenken, Fasten, Beten. Ich habe Gespräche geführt mit einigen Leuten, die mich gut kennen. Ich habe sie gefragt, wie sie mich wahrnehmen, und um ihre ehrliche Einschätzung gebeten. Nach sechs, acht Wochen war für mich dieser Prozess beendet. Das Ergebnis stand fest: „Ja, ich werfe meinen Hut in den Ring, wenn ich diese Chance bekomme."

Dann informierte ich umgehend meine Vorgesetzten bei der Heilsarmee darüber, noch bevor ich mit sonst jemandem geredet hatte. Anschließend sprach ich mit der Partei: „Ich würde kandidieren. Seht ihr das auch so?" Daraufhin wurde ich offiziell als Kandidat vorgeschlagen. Zunächst war ich der einzige Bewerber. Am Tag der Wahl wurde spontan noch ein zweiter Bewerber aufgestellt, doch es gab einen überwältigenden Erfolg für mich.

Was denkst du, warum haben dich so viele gewählt? Weil du ein Neuling mit Sozialprofil warst, was man eher nicht unbedingt der CDU zuschreibt? Weil es um einen Wahlkreis ging, den deine Partei nach 1994 nicht mehr gewonnen hatte? Was hat man sich von dir versprochen? Oder, um es mal etwas spitz zu for-

mulieren: Hatten die die Wahl vielleicht sowieso schon verloren gegeben?

Was du sagst, bringt mich zum Schmunzeln. Es gibt natürlich Unkenrufe, die genau das behaupten. Nach der Wahl kam ich mal mit unserer Oberbürgermeisterin über diese Frage ins Gespräch. Sie gehört der SPD an und verriet mir: „Herr Heinrich, Sie waren einfach der Einzige, der zu der Zeit den Mut hatte, ins Rennen zu gehen." So also sah es für sie von außen aus.

Ich selbst glaube eher, dass einige in der Partei das „Frischblut" gesehen haben, meine noch unverbrauchte Leidenschaft für Politik, für die CDU und für die Stadt Chemnitz. Einige haben natürlich auch mitbekommen, was ich schon alles getan hatte. Sie haben gesehen, dass die Heilsarmee und mit ihr meine Arbeit Relevanz besaß in der Stadt. Ich war ja außerhalb der Partei kein unbeschriebenes Blatt. Dieses soziale Profil war sicher positiv für einen CDU-Kandidaten, wo sonst unsere Stadt ja eher rötlich gestrickt war. Vielleicht haben einige mit meiner Kandidatur auch die Hoffnung verbunden, den anderen einige Stimmen klauen zu können, um es mal ganz „prozentualpolitisch" zu erklären.

Doch letztlich kann ich nicht in die Köpfe der anderen Leute hineinschauen. Beim Sport hört man manchmal nach verlorenen Spielen: „Es sollte heute einfach nicht sein." Bei mir war es genau anders herum: Es sollte wohl einfach sein.

Wenn du sagst, dass es wohl sein sollte – was macht dich da so sicher? Woher nimmst du die Gewissheit, dass dein Weg in die Politik nicht nur das Ergebnis einer menschlichen Taktiererei ist? Wie passt der Heilsarmeeoffizier in die Welt der Politik?

Da stellst du wirklich eine heikle Frage. Die habe ich mir übrigens selbst schon mehrfach gestellt. Doch meine Antwort lautet: Ja. Ja, das passt, und zwar aus vielerlei Gründen. Einige der persönlichen Führungen habe ich ja schon erwähnt. Ich habe aber auch erkannt, dass mich meine bisherige Ausbildung und Arbeit optimal auf die politische Arbeit vorbereitet hat. Da denke ich vor allem an die Art von Leitung, die ich bei meiner Arbeit in der Heilsarmee auf ganz verschiedenen Ebenen ausgeübt habe. Zunächst als Pastor, für den das gesprochene Wort, die Predigt, im Vordergrund steht. Wer predigt, der will Hoffnung wecken und den Menschen eine Perspektive geben. Dann als jemand, der tatkräftig anpackt. Ich sage immer wieder: Worte ohne Taten sind leere Worte. Die Heilsarmee wird von manchen Leuten wie ein Vogel beschrieben, der unbedingt beide Flügel benötigt, um fliegen zu können: die Verkündung *und* die soziale Arbeit. Keines geht ohne das andere, und keines darf das andere überwiegen, sonst dreht sich der Vogel nur im Kreis. Und schließlich war für mich immer wichtig, dass mein Handeln nicht nur Auswirkungen auf diejenigen Menschen hat, die mir unmittelbar begegnen, sondern dass es auch in die Gesellschaft hineinwirkt. Nicht immer gleich in die ganze Stadt, aber doch in meine Straße oder in das Gemeinwesen in meinem Stadtviertel. Als Heilsarmee haben wir unser Gemeinwesen angesehen und gefragt, wo da Lücken sind. Wo sind die Männer und Frauen, die Kinder und Jugendlichen, die Alten und Kranken, denen wir wieder aufhelfen können? Das war für mich immer eine gesellschaftspolitische Frage. Ich wollte den Grundwasserspiegel von „Wohl" in meinem Umfeld mit anheben.

Wer dafür kämpft, für den ist es nicht mehr weit zur Politik. Das ist zwar (noch) nicht Parteipolitik, aber es ist zumindest Gesellschaftspolitik. Dazu gehört auch, mal den Finger in eine Wunde zu legen und unbequeme Wahrheiten auszusprechen. Die Kontinuität ist der Mensch. Für Menschen und für das Gemeinwesen wollte und will ich Verantwortung übernehmen: als Familienvater, als Prediger, als Sozialarbeiter und auch als Politiker.

Mit Maria Prean zu Besuch in Uganda (2012).

Darf ich dich ein wenig provozieren? Heilsarmee oder Politik – was ist besser?

Ich glaube, dass die Frage so nicht funktioniert. Wo nämlich eine Sache besser ist, da ist automatisch die andere Sache schlechter. So aber sehe ich nicht das Verhältnis von der sozialdiakonischen Arbeit der Heilsarmee vor Ort und der politischen Arbeit.

Mir hat da ein Gedanke des Gründers der Arche in Berlin, Bernd Siggelkow, geholfen. Er ist ein Freund und war früher ebenfalls Heilsarmeeoffizier, daher kennen wir uns gut. Siggelkow stellt an sich den Anspruch, das zentrale Anliegen der Heilsarmee – den Menschen in Wort und Tat zu dienen – jederzeit zu leben, egal ob er sich innerhalb dieser Institution bewegt oder außerhalb. Er hat also ein viel größeres Einsatzgebiet vor Augen. Entsprechend formulierte er in einem Vortrag einmal sinngemäß: „Damit die Bedürfnisse der Menschen in dieser Gesellschaft wirklich gestillt werden können, sind zwei Seiten nötig: Es braucht diejenigen, die hingehen zu den Menschen und vor Ort arbeiten, und es braucht diejenigen, die dafür sorgen, dass die Strukturen besser werden, damit die Arbeit besser gelingen kann."

Das bringt es auf den Punkt. Zwei Seiten, die dem gleichen Anliegen dienen, die dasselbe Ziel verfolgen. Zwei Griffe, damit die riesige Aufgabe gestemmt werden kann. Als ich diesen Vortrag hörte, da hat es bei mir ganz neu eingeschlagen. Das war wieder so ein Berufungsmoment. Die politische Arbeit ist für mich lediglich die andere Seite des gleichen Anliegens. Und ich will gerade jetzt als Politiker die strukturelle Seite mit prägen.

Abgeordneter – von Werten und Wagnissen

Wie der Name es schon sagt: Ein Parlament ist kein Bibelkreis. Es ist ein Ort, wo man miteinander redet, wo man erklärt, hört, fragt, herausfordert, seine Meinung festigt – und dann abstimmt. Am Ende gilt, was die meisten gutheißen. Da frage ich mich doch: Wie kann ein Politiker wie Frank Heinrich seinen Überzeugungen zu Mehrheiten verhelfen?

Frank, du hast es dir bei deiner Suche nach der passenden Partei in Chemnitz nicht leicht gemacht. Hättest du dir das nicht sparen können? Ist es nicht geradezu zwangsläufig, dass ein Christ in der Partei mit einem großen „C" im Namen landet?

Ach, das ist die einfachste Frage, die man mir je gestellt hat. Nein, natürlich nicht.

Sondern? Welche Partei macht denn die christlichste Politik?

Bevor ich dir das verrate, möchte ich erst etwas klarstellen. Politik ist mehr als Parteipolitik. Politik bedeutet: Ich interessiere und engagiere mich für das, was unser Zusammenleben betrifft. In der Politik geht es um das Miteinander in unserer Stadt, unserem Land und in unserer Welt. In diesem Sinn ist jeder Christ, der sich für die Menschen und das Leben einsetzt, Politiker. Im Umfeld meiner Gemeinde und vieler Freikirchen sind leider nur sehr wenige Christen politisch aktiv. Es ist verpönt. Doch unsere Gesellschaft braucht noch viel mehr politisch aktive Christen. Es gibt ja ganz unterschiedliche Ausprägungen und Ebenen, wie wir uns in unsere

Gesellschaft einbringen, und das hat zunächst nichts mit irgendeiner Partei zu tun.

Wenn man jedoch im Rahmen einer Partei politisch aktiv werden möchte, hat man in unserem Land ja eine gewisse Auswahl. Ich denke es gibt viele Gründe, die eher für die eine oder andere Partei sprechen. Manchmal spielt der besondere regionale Bezug oder das persönliche Umfeld eine entscheidende Rolle. Für manchen ist die programmatische Grundausrichtung am wichtigsten, für andere der Stil. Ich habe für mich in Chemnitz entdeckt, dass ich am besten zur CDU passe, doch ich finde auch eine relative große Schnittmenge mit zwei anderen Parteien.

Bei der öffentlichen Sprechstunde („Happy Hour")
in einer Kneipe in Chemnitz (2010).

Du teilst also auch Anliegen, die von anderen politischen Lagern vertreten werden?

Genau. An der SPD schätze ich das große Thema der Gerechtigkeit, besonders im Hinblick auf die Arbeiterklasse. William Booth, der Gründer der Heilsarmee, war übrigens ein Zeitgenosse von Karl Marx und beide lebten in London. Die Zielgruppe von Booth war aber nicht zuerst das Proletariat, sondern das sogenannte „Prekariat" – heute sprechen wir auch von den „working poor", also den Menschen, die trotz einer vollen Arbeitsstelle nicht auskömmlich von ihrem Gehalt leben können. Der Einsatz für diese Arbeiter liegt, wenn man so will, in den Genen der Heilsarmee, und das schafft hier für mich eine geschichtliche und inhaltliche Nähe zur SPD.

Bei den Grünen gefallen mir die großen Themen Umweltschutz und Nachhaltigkeit, die für Christen natürlich keine Fremdwörter sind. Wir nennen es eben nur anders, nämlich „Bewahrung der Schöpfung".

Trotzdem gehörst du zur CDU. Seid einiger Zeit wird viel darüber diskutiert, das „C" in der Partei wieder zu entdecken. Der Berliner Kreis hat sich gegründet, um die konservativen Werte neu zu betonen. Welche Rolle können in einer politischen Partei christliche Überzeugungen tatsächlich spielen? Nicht alles, was politisch umgesetzt wird, ist christlich. Und nicht alles, was christlich ist, ist politisch umsetzbar. Wie sieht christliche Politik aus?

Das ist eine wichtige Frage und ein bisschen steckt die Antwort auch schon mit drin. Es gibt für mich, das mag sich noch so platt anhören, keine christliche Politik. Es gibt Themen von Politik, bei denen die meisten Christen eine relativ einheitliche Meinung haben, aber das sind nur sehr wenige. Jeder Christ steht für Frieden. Aber schafft man Frieden mit oder ohne Militär? Da gehen die Meinungen schon wieder auseinander.

Daher würde ich das „C" nicht zuerst mit bestimmten Themen gleichsetzen. Vielmehr geht es darum, mit welcher Geisteshaltung, und damit meine ich nicht fromm oder nicht fromm, sondern mit welcher Weltanschauung wir an eine Sache und an die Themen heran gehen. Wie setzen wir die Prioritäten dabei und wie konsequent stehen wir auch zu unserem Wort?

Mit dieser Geisteshaltung kann man auch im Kontext aller demokratischen Parteien Politik machen und seine Themen finden.

Das „C" in meiner Partei führt mich übrigens nicht zuerst zu meinem persönlichen Christsein zurück, sondern zu dem Wertesystem, aus dem die CDU geschichtlich hervorgegangen ist. Da gibt es vor allem zwei Wurzeln: Erstens das christliche Menschenbild, welches den Menschen als Individuum in Verantwortung vor Gott definiert. Und zweitens die katholische Soziallehre, die in die soziale Marktwirtschaft gemündet ist und in der ebenfalls „Verantwortung" ein leitender Begriff ist. Diese zwei Koordinaten gelten in der CDU – und sie sind auch für Nichtchristen in meiner Partei eine Basis, auf die sich unsere Politik immer wieder zurückführen lässt.

Ein christliches Menschenbild – was soll ich mir darunter vorstellen?

Für mich beinhaltet das christliche Menschenbild, dass ich mich sowohl als geniales „Geschöpf" als auch als gefallene Schöpfung erkenne. Das heißt, ich stehe immer in einem Spannungsfeld. Auf der einen Seite kann ich mit dieser Perspektive jeden Menschen als geniales Geschenk, als Geschöpf Gottes annehmen und auch bejahen. Dazu passt der Spruch, den ich neulich hörte: „Wer einen Menschen ablehnt, spottet dessen Schöpfer." Der andere ist und bleibt ein Mitgeschöpf. Seine Würde ist von Gott gegeben, da gibt es nichts dran zu rütteln.

Auf der anderen Seite lehrt mich dieses Menschenbild aber auch, dass ich immer mit dem „Bösen" rechnen muss. Ich weiß, wozu der Mensch fähig ist, im Guten wie im Bösen. Hier hat die konservative Note in der CDU ihren Grund: es gibt auch ein begründetes Misstrauen gegenüber dem Menschen, weshalb eine Gesellschaft Werte und Regeln braucht.

Aus Gottes Perspektive hat mein Gegenüber seinen unange-fochtenen Wert. Dass ich ihn als Geschöpf Gottes verstehe, hat Auswirkungen auf mein Verständnis von Lebensrecht oder die Bewertung von Krankheit. Wir müssen auch das Thema „Leistungsgesellschaft" immer wieder hinterfragen. Vielleicht müssen wir gerade in meiner Partei ab und zu aufpassen, dass Leistung nicht der höchste Wert von allen ist.

Dieses christliche Menschenbild bringt natürlich auch ein christliches Weltbild mit sich, in dem der Schöpfungsgedanke eine Rolle spielt. So wie wir uns Menschen als Geschöpfe verstehen, ergibt sich auch eine Verantwortung für unsere Mitschöpfung. Das fängt bei unseren Mitmenschen an, aber es berührt auch Fragen von Tier- und Naturschutz, die Erhaltung dieser Schöpfung, den Umgang mit der Zukunft – hier gehört das Stichwort „Nachhaltigkeit" hin. Man kommt dabei übrigens ganz schnell vom Umweltschutz auch zu den Fragen nach der Familienpolitik oder den Renten. Es berührt auch die Frage: Wie gehen wir mit anderen Kulturen um? Wenn Gott diese Vielfalt geschaffen hat – dürfen wir uns dann nationalistisch abschotten?

Dürfen wir?

Nein, ich denke, dafür gibt es keine Grundlage. Die Bibel sagt uns im Alten wie im Neuen Testament sehr deutlich etwas anderes. Schon in der Rahmenhandlung der Geschichte von den Zehn Geboten gibt es eine Regel für das Volk Israel, dass die Ausländer einen Schutzort bekommen sollen – darauf bezieht sich bis heute das sogenannte „Kirchenasyl". Zu den besonders geschützten Personengruppen gehörten neben den Witwen, den Waisen und den Leibeigenen die „Fremdlinge". Diese Haltung hat sowohl mit meinem Menschenbild als auch mit meinem Weltbild zu tun. Da ist kein Platz für ein Aufrechnen von einer Nation gegenüber einer anderen.

Während für viele katholische und evangelische Christen der Weg in die Politik nicht ungewöhnlich ist, gibt es im freikirchlichen und evangelikalen Milieu eher Vorbehalte gegenüber der Politik. Manche lehnen politisches Engagement sogar völlig ab, weil man dafür seinen Glauben und seine Werte verraten müsste. Wie erlebst du das?

Aus meiner Geschichte sind mir solche kritischen Töne sehr vertraut. Ich habe sie so oft gehört, dass ich mitunter ähnlich gedacht habe. Die Vorwürfe sind ja nicht völlig unbegründet. Die Geschichte lehrt uns manches über unheilige Allianzen zwischen Staat und Kirche. Schlimm ist allerdings, wenn auf diese Wiese ein genereller Zweifel gesät wird und alle Politiker schon von vornherein als verdächtig gelten. Es gibt so viele hochanständige und fleißige Menschen in der Politik, quer durch alle Parteien. Und es gibt Faulpelze, Lästermäuler und Karrieristen, auch quer durch alle Parteien – und durch alle Kirchen.

Von meiner Prägung und den Vorbehalten her war es für mich umso wichtiger, dass ich mir ganz gewiss bin, dass der Schritt in die Politik nun für mein Leben dran ist. Ich musste schon sehr deutlich abklopfen, ob ich das für mich so sehe. Rückblickend kann ich nach den ersten intensiven Jahren sagen: Für mich passt das sehr gut zusammen, Christ und Politiker.

Und wo war es für dich eher schwierig? Was ist dir vielleicht schon unangenehm aufgestoßen?

Besonders unangenehm empfinde ich die Versuche, für bestimmte Interessen instrumentalisiert zu werden. Wenn jemand aus meinem Ruf, meinem Beruf oder meinen Beziehungen Kapital schlagen will für seine eigene Sache. Richtig schlimm ist für mich, wenn es sich dabei auch noch um Christen handelt und sie mich moralisch unter Druck setzen.

Nenne mir doch mal ein Beispiel, wie das aussieht.

Oh, da gibt es mehr als genug. Wenn mir etwa jemand erklären will: „Als Christ muss man …" und daraus folgert, dass ich muss … Ich finde diesen Satz nur platt, denn es könnte ja auch gute Argumente für das genaue Gegenteil geben. Zum Beispiel beim Militärdienst. Die einen sagen, du musst den Militärdienst verweigern, weil Gott gegen Gewalt ist. Die anderen sagen, du musst die Verantwortung für die Verteidigung deiner Familie übernehmen und kämpfen. Beide haben gute Argumente auf ihrer Seite. Wer hat das Recht, den einen oder den anderen moralisch abzuurteilen oder gar das Christsein infrage zu stellen?

Oder blicken wir mal über unseren Kontinent hinaus und schneiden das Thema „Todesstrafe" an. In Europa steht es wohl außer Frage, dass wir als Christen fast alle gegen die Todesstrafe sind. In den USA ist es hingegen fast genau umgekehrt; viele sagen, Todesstrafe sei eine gerechte Bestrafung.

In gleicher Weise gehen die Meinungen auseinander, wenn wir über Militäreinsätze sprechen – sind sie Friedensmissionen oder Kriegseinsätze? – oder die Gentechnik bewerten – sättigender Segen oder todbringender Fluch? Es gibt so viele Themen, die Gewissensfragen berühren und von individuellen Werten bestimmt sind. Gerade deshalb kann man es sich nicht so einfach machen und autoritär behaupten: „Als Christ muss man …"

Du hast persönlich erlebt, dass Leute dich unter Druck setzen wollten als Politiker?

Mehr als einmal. Ich denke da etwa an eine Demonstration, die in Berlin stattfinden sollte. Wenige Tage vorher flatterte sehr kurzfristig eine E-Mail in mein Büro mit der „Einladung" zu Teilnahme. Und dann hieß es noch im Anschreiben in einem sehr aufdringlichen Duktus: Als Christ, der sich in der Evangelischen Allianz engagiert, müsse ich doch auf jeden Fall dabei sein und für dieses Anliegen demonstrieren. Welch ein Druck, und dann noch angesichts der mehr als kurzfristigen Einladung. Da kann ich nur sagen: Nein, das muss ich nicht!

Das hat dich anscheinend gewaltig aufgeregt. Was findest du denn ärgerlicher: dass jemand einfach so deine Zeit verplanen will oder dass er über dein Gewissen verfügen möchte?

Beides ist für mich gleich schlimm. Das erste, weil eine Vereinnahmung stattfindet, bei der es diese Leute überhaupt nicht interessiert, wie es eigentlich in meinem Terminkalender aussieht. Sie wollen mich in Wochenfrist, während ich schon auf Monate hinaus meine Arbeit terminieren und organisieren muss. Das ist keine gute Organisation und schlechter Stil. Der Gipfel ist dann noch, dass hinterher meine Absage benutzt wird, um mich zu denunzieren. Das empfinde ich als lieblos und dreist.

Die „Gewissenskeule" finde ich aber genauso schrecklich. Es ist furchtbar, wenn Leute sich als mein Gewissen aufspielen, zum Beispiel per Brief oder E-Mail. Da schrieb mir doch tatsächlich bei der vorletzten Wahl zum Bundespräsidenten jemand: „Folgen Sie nicht dem Fraktionszwang, sondern Ihrem Gewissen. Wählen Sie Joachim Gauck!" Na, wie klingt das?

Andere erklären meine Partei für nicht mehr wählbar, weil ich bei einem bestimmten Thema offensichtlich entgegen ihrer persönlichen Erwartung gestimmt habe. Für wen halten sich diese Menschen? Haben sie vergessen, dass Christen durchaus verschiedene Meinungen haben? Davon abgesehen ist die CDU eine plurale Volkspartei. Da haben unterschiedliche Meinungen Platz. Es ist wirklich schade, wenn gerade Christen so intolerant sind.

Damit spreche ich ja niemandem ab, dass er eine eigene Meinung hat und als Christ bestimmte Entscheidungen als untragbar empfindet. Die Vielfalt gehört unabänderlich zu einer Demokratie. Deshalb kommen wir aber auch mit intoleranten Maximalforderungen nicht weit. Gerade der christliche Politiker ist hier gefordert, wirklich gute Kompromisse zu finden.

Das Wort Kompromiss hat oft einen faden Beigeschmack, gilt als schlechte Notlösung. Sind Kompromisse wirklich so schlecht? Welche Erfahrungen machst du in der Politik damit? Muss man immer mit diesen Kompromissen leben?

Letzen Endes müssen wir mit Kompromissen leben. Das schließt jedoch ein, dass ich dann, wenn ich eine Entscheidung im Parlament nicht mittragen kann, in erster Linie meinem Gewissen verpflichtet bin; ich kann auch gegen die Fraktion stimmen. Das habe ich gelegentlich schon gemacht, etwa bei der Frage nach dem Atomausstieg. Aber nicht alle Themen verlangen eine solche Gewissensentscheidung. Wenn ich allerdings der großen Linie unserer Politik nicht folgen könnte, müsste ich mich fragen, ob ich überhaupt in der für mich richtigen Partei bin.

Manchmal gebe ich eine Erklärung ab, in der ich meine Position begründe. Es gibt im Bundestag die Gelegenheit, sein Abstimmungsverhalten zu begründen, auch wenn man selbst keiner der Redner ist. Das habe ich zum Beispiel in Anspruch genommen, als es um die Frage der Präimplantationsdiagnostik ging.

Gewissenserklärung –
Vom Beginn des Lebens

Eine Rede zur Präimplantationsdiagnostik

Die nachfolgende Erklärung zur Präimplantationsdiagnostik gab Frank Heinrich am 7. Juli
2011 im Deutschen Bundestag zu Protokoll.
Er nutzte damit die Gelegenheit, seine Gewissensentscheidung den anderen Abgeordneten
und den Bürgern zu erläutern.

Sehr geehrter Herr Präsident, sehr geehrte Kollegen,

im Mittelpunkt steht der Mensch. So lassen sich die Positionen –
auch und gerade die gegensätzlichen Positionen – heute zusam-
menfassen.

Wir erleben hier und heute ein ethisches und humanitäres Niveau, das in der parlamentarischen Kultur – zumal in der mitunter
zweifelhaften Geschichte unseres Landes – seines Gleichen sucht.
Neben Argumenten, guten und zahlreichen Argumenten für oder wi-
der die Zulassung der PID, weht ein Hauch von Mitgefühl durch die
Debatte. Und ein starkes Verantwortungsbewusstsein. Gewissens-
freiheit heißt eben auch Gewissensbindung. Und diese Gewissensentscheidung im Parlament vertreten zu können, ist eine zivilisato-
rische Errungenschaft. Gestern Abend noch sprach mich ein Kollege
auf die Großartigkeit des „parlamentarischen momentums" an. Mit
Stefan Zweig möchte ich gerne von einer „Sternstunde" des Parlamentes sprechen.

Und doch – oder vielleicht gerade weil es sich um eine Gewis-
sensfrage handelt – sind die Perspektiven und damit die Positionen
grundverschieden.

Hier steht die Familie im Mittelpunkt. Der unerfüllte Kinderwunsch. Das private Glück der Elternschaft. Die persönlichen Lebenswege, gepflastert mit Entscheidungen, Enttäuschungen, Entbehrungen und neuen Hoffnungen. Und dazu kommt die Gefahr einer Risikoschwangerschaft. Die Gefahr, das Kind noch während der Schwangerschaft oder bald nach der Geburt zu verlieren. Eine Gefahr nicht nur für das Glück der Familie, sondern möglicherweise für die körperliche und seelische Gesundheit vor allem der Mutter. Ist da nicht jedes Mittel der Risikominimierung nachvollziehbar, ja notwendig? Keine Mutter, keine Familie macht sich diese Entscheidung leicht. Wie kann ein Mensch das nachvollziehen, der nie in einer vergleichbaren Situation gewesen ist?

Dort, auf der anderen Seite, steht der Embryo im Mittelpunkt. Der Schutz des ungeborenen Lebens. Der Mensch ist in allen Phasen seines Lebens zu schützen.

Die Kernfrage ist: Wann beginnt dieses Leben? Diese Frage wird von Ethikern, und auch von christlichen Ethikern, unterschiedlich beantwortet. Ist es die Befruchtung, ist es die Entstehung des Bewusstseins?

Wenn man zu dem Schluss kommt, dass der Beginn des Lebens mit der Verschmelzung von Ei und Samenzelle zu datieren ist, dann muss in der Konsequenz dieses Leben von Beginn an zu schützen sein. Die Gefahr einer drohenden Behinderung darf dann kein Argument sein. Menschen mit Behinderungen sind vollwertige und gleichberechtigte Glieder dieser Gesellschaft. Ihre Würde zu schützen, ist grundgesetzliche Aufgabe aller Deutschen. Und damit aller Parlamentarier. Die Lebenssituation der Familie ist ebenfalls nachrangig. Der Schutz des Individuums steht an erster Stelle.

Es sind noch viele Aspekte zu bedenken. Historische. Rechtliche. Soziale. Und das wird heute vielfältig zur Sprache gebracht. Mit Hochachtung nehme ich an dieser Debatte teil.

Im Mittelpunkt dabei steht der Mensch.

Und im Mittelpunkt unserer Entscheidung steht das eigene Gewissen. Dieses Gewissen ist an die eigene ethische Überzeugung gebunden. Bei allem Verständnis für die Notlage der Eltern. Bei allem Mitgefühl. Meiner Überzeugung nach beginnt das Leben mit der Verschmelzung von Ei und Samenzelle.

Daher kann ich heute nur gegen die PID stimmen.

Bundestag – von Andachten und Ausschüssen

Was macht ein Politiker eigentlich den ganzen Tag? Sicher mehr, als wir in den Nachrichten sehen und den Zeitungen lesen. Das meiste passiert bei Frank Heinrich wohl zwischendurch — ein Gespräch mit Kollegen, ein Treffen im Ausschuss, ein Besuch vor Ort. Wie viel Zeit bleibt da noch für das „normale Christsein"?

Frank, du selbst hast immer wieder betont, dass der christliche Glaube mehr ist als eine Überzeugung. Wort und Tat, Herz und Hand gehören zusammen. Wie funktioniert das bei dem Abgeordneten Heinrich ganz praktisch? Und wie steht es überhaupt um das christliche Leben im Bundestag?

„Christliches Leben" – das ist schon ein ziemlich mächtiger Begriff. Nach meiner Ansicht gilt da für den Bundestag dasselbe wie für jede Gemeinde und jedes Büro: Es gibt so viel christliches Leben, wie jeder Einzelne mitbringt und einbringt. Deshalb kann ich das gar nicht aufs Ganze gesehen beurteilen.

Dazu kommt, dass während der Plenarwochen im Bundestag so vieles parallel geschieht, sei es in den Ausschüssen, in Gesprächen, bei externen Terminen, dass man gar nicht alles mitkriegen kann. Es gibt aber in den Wochenplänen des Parlamentes christliche Angebote. Donnerstags und freitags während der Plenarwochen beginnt der Tag jeweils mit einer Andacht, die sogar buchstäblich eingeläutet wird. Das Glockengeläut des Kölner Doms klingt durch den Reichstag und lädt ein. An einem Wochentag gibt es auch ein Gebetsfrühstück, zu dem alle Parlamentarier eingeladen sind und an dem auch immer wieder Mitglieder aller Fraktionen teilnehmen. Bei diesen Anlässen ist man tatsächlich ganz unter sich –

ohne Medien, ohne Öffentlichkeit. Jemand aus unserer Runde bereitet etwas vor, meistens einige Gedanken zum Losungstext, und dann tauschen wir uns darüber aus. Wir kommen aus unterschiedlichen Kirchen und unterschiedlichen Fraktionen, doch wir öffnen unser Herz zu dem Thema, das da an dem Morgen angesprochen wird. Da herrscht ein sehr lebendiger Geist. Ich erinnere mich noch gut an jenen Morgen, an dem wir erst unseren gemeinsamen Austausch hatten und hinterher über die Fortsetzung der Beteiligung der Bundeswehr in Afghanistan entscheiden mussten. Da bin ich dann sehr froh, dass darüber kein Protokoll geführt wird und nichts nach draußen dringt, sondern alles in dieser Runde bleibt. Hier muss man aus seinem Herzen keine Mördergrube machen, kann sich vertrauensvoll austauschen und miteinander beten.

Solange du noch Heilsarmeeoffizier warst, bist du durch deine Uniform schnell als Christ aufgefallen. Wie ist das jetzt im Parlament? Ist deine „Vergangenheit" immer noch Thema, oder bist du einfach ein ganz normaler Abgeordneter wie die anderen auch?

Da wir insgesamt 620 Abgeordnete sind, werden mich wohl gar nicht mal alle unter diesem Nimbus kennen können. Es haben mich vielleicht am Anfang ein paar Leute mehr gekannt als die anderen Neulinge, weil es halt doch ein bisschen spektakulärer war: Der erste Heilsarmeeoffizier im Bundestag in der Geschichte der Bundesrepublik.

Der Spiegel hatte davon erfahren und gleich nach der Wahl darüber berichtet. Nach der Überschrift „Der Kapitän folgte seiner inneren Stimme zur CDU" lautete der Einstieg in den Artikel: „Suppe, Seife, Seelenheil: Das war der Dreiklang der bisherigen Arbeit von Frank Heinrich. Im Rang eines Kapitäns hat er sich bei der Heilsarmee für die Schwachen engagiert, gepredigt und Essen verteilt. Die Interessen der Bedürftigen will er nun im Bundestag vertreten."[7]

Damit war ich „geoutet" und es haben mich viele Kollegen darauf angesprochen. Vor allem in meinem direkten Umfeld, in den Arbeitsgruppen und Ausschüssen, wo das bekannt ist, wird es auch hin und wieder thematisiert. Ich erfahre übrigens meistens sehr hohe Wertschätzung dafür.

7   Quelle: http://www.spiegel.de/politik/deutschland/frank-heinrich-der-kapitaen-folgte-seiner-inneren-stimme-zur-cdu-a-657587.html (Spiegel online vom 30.10.2009).

Beim Besuch eines Flüchtlingslagers in Kenia – mit
Offizieren der Salvation Army (Heilsarmee; 2012).

Welche „No-Gos" gibt es für dich als Christ im Bundestag? Wo kannst du nicht mit, wo ziehst du die Reißleine, weil du zum Beispiel ethische Grenzen spürst? Wann wirst du sperrig?

Sicher gibt es Dinge, wo ich nicht mitgehen kann. Das Stichwort PID ist bereits gefallen, es steht stellvertretend für andere Lebensrechtsthemen. Ich kann kein Sterbehilfegesetz unterzeichnen, das unter dem Deckmantel „einer Beihilfe zur Selbsttötung" einer unkontrollierbaren Tötung von alten und kranken Menschen Vorschub leistet. Auch wehre ich mich vehement gegen jede Form von Diskriminierung, zum Beispiel auch gegenüber Homosexuellen.

Einer meiner Werte ist Verlässlichkeit. Wer etwas verspricht, sollte es auch halten. Ich habe ein echtes Problem, wenn wir beispielsweise in den im Jahr 2000 mit der UNO formulierten Millenniumszielen versprechen, bis 2015 eine Quote von 0,7 Prozent des Bruttoinlandsproduktes (BIP) für Entwicklungshilfe zur Verfügung zu stellen – und die Haushälter dann kurzfristig erklären, das Geld sei nicht da. Das gleiche gilt für Klimaziele und anderes mehr.

Ebenso finde ich es untragbar, wenn das Bundesverfassungsgericht die Politik antreiben muss, weil wir unsere Hausaufgaben nicht machen.

Hast du bei bestimmten Debatten, die jetzt im Bundestag aktuell sind, schon erlebt, dass du auch dezidiert christliche Aspekte einbringen konntest? Wenn ja, worum ging es dabei?

Doch, das war schon mehrfach möglich. Wo es angebracht und sachgemäß ist, begründe ich meine Standpunkte auch ausdrücklich mit meinem christlichen Glauben. Das geschieht in Reden, es geschieht aber noch viel mehr in den Ausschüssen und kleineren Gesprächsrunden; es ist aber äußerst selten notwendig.

Mit meiner Fraktion haben wir ein explizit christliches Thema in die Plenardebatte einbringen können: wir haben über Religionsfreiheit und Christenverfolgung gesprochen.

Allerdings gibt es so vieles, was mich als Christ umtreibt, weil es beispielsweise einfach ungerecht ist. Hier muss ich mich für meine Einstellung nicht erst noch auf meinen Glauben oder allgemeine christliche Werte berufen.

Als Menschenrechtspolitiker habe ich täglich mit solchen Themen zu tun. Nehmen wir mal Guantanamo; da sitzen bis heute Menschen zu Unrecht und ohne ordentliches Gerichtsverfahren im Quadrat. Oder der völkerrechtliche Status der Westsahara. Oder die Unterdrückung von Frauen in Indien. Oder der Skandal des weltweit wachsenden Menschenhandels.

*Mit dem Botschafter von Bangladesh und
seiner Frau in Chemnitz (2012).*

**Du hast das Stichwort Christenverfolgung genannt. Religions-
freiheit ist ein großes und aktuelles Thema, denn 80 Prozent der
religiös verfolgten Menschen sind Christen. Wie sehr spielt
Christenverfolgung im Bundestag eine Rolle?**

Wie gesagt, wir haben als Fraktion eine Plenardebatte zur Religionsfreiheit angestoßen. Volker Kauder, unser Fraktionsvorsitzen-
der, hat ein Buch zum Thema Christenverfolgung herausgegeben.
In dieser Legislaturperiode ist es wirklich gelungen, die Brisanz
des Themas in den Fokus zu rücken. Aus dem Menschenrechtsausschuss kann ich berichten, dass alle Parteien sich für dieses Thema
einsetzen. Natürlich liegt uns als CDU das Schicksal der Christen
besonders nahe.

Wichtig ist mir aber immer der Kontext der generellen Religionsfreiheit. Wir verlieren unsere Glaubwürdigkeit als Christen,
wenn wir unsere Stimme nicht genauso auch für andere Verfolgte

erheben. Freiheit ist ein Wert an sich. Um hier mal das berühmte Diktum von Rosa Luxemburg zu zitieren: „Freiheit ist immer auch die Freiheit des Andersdenkenden."

Was etwa – um nur ein Beispiel von vielen möglichen zu nennen – die Bahaií im Iran erleben müssen, ist grausam.

Wie passt diese religiöse Weite zu einem Freikirchler wie dir?

Bitte entschuldige, aber das klingt ja geradezu nach einem gewaltigen Vorurteil gegenüber Freikirchlern. Dabei stehe ich ja gerade als Freikirchler hier in einer großen Tradition. William Penn, der mit Pennsylvania den ersten Staat schuf, in dem Religionsfreiheit herrschte, war ein Quäker. Freikirchen wie die Methodisten, die Baptisten oder auch die Heilsarmee sind schon immer Vorreiter der Religionsfreiheit gewesen. Vielleicht, weil sie selber vielfache Verfolgung erlebt haben oder immer noch erleben.

Allerdings dürfen wir eben nicht vergessen, dass die Mehrzahl der Verfolgten Christen sind. Und da müssen wir als Christen auch unsere Stimme erheben. Es geht hier um das Leben unserer Brüder und Schwestern.

Es gibt in deiner Fraktion den sogenannten Stephanuskreis, der sich ganz speziell mit der Situation der verfolgten Christen beschäftigt. Was muss man sich darunter vorstellen?

Ute Granold, eine Katholikin, leitet diesen Kreis. Namensgeber dieser Gruppe ist der Mann Stephanus aus dem Neuen Testament. In der Apostelgeschichte lesen wir, dass er wegen seines Glaubens gesteinigt wurde. Der Stephanuskreis will das Thema Christenverfolgung aktuell halten, sowohl politisch als auch in der breiteren Öffentlichkeit. Wir treffen uns regelmäßig, laden Gäste ein, vor allem Betroffene oder Experten wie Professor Thomas Schirrmacher, aber auch Vertreter von Kirchen und Werken wie *Open Doors*, die sich für verfolgte Christen einsetzen. Und wir besprechen, wie wir aktiv werden können.

Ein anderes Thema, das für viele konservative christliche Gruppen wichtig ist, ist die Frage von Lebensschutz und Abtreibung. Welche Rolle spielt denn dieses Thema in deiner Arbeit oder überhaupt in der Arbeit des Bundestages?

Also, wenn ich mir die Menge der Briefe und E-Mails anschaue, die ich von Christen bekomme, dann wird das Thema Abtreibung schon öfter angesprochen als manche anderen Themen. Allerdings sind Veranstaltungen, die diese Gruppen organisieren, häufig nicht außerordentlich gut besucht. Das zeigt – leider –, dass ihre Meinung nicht die einer repräsentativen Mehrheit unserer Gesellschaft ist.

Hier wird ein Problem deutlich, vor dem ich manchmal stehe. Einerseits gehöre ich zu den evangelikalen Christen und bin auch im Hauptvorstand der Evangelischen Allianz. Das heißt aber nicht, dass ich in der Öffentlichkeit – ausschließlich! – über dieses Thema wahrgenommen werden möchte.

Was nun mein persönliches Engagement für das Lebensrecht der Menschen betrifft, so bin ich Mitglied bei den „Christdemokraten für das Leben". Ich setze mich nach Möglichkeit für Lebensrechtsanliegen ein. Aber das braucht auch Geduld und offene Türen. Ich darf hier nicht so tun, als stünde ich für einen großen Teil unserer Gesellschaft. Ein Aspekt, der mir in diesem Zusammenhang besonders wichtig ist, das ist die Praxis der Spätabtreibung von behinderten Kindern. Dagegen müssen wir etwas tun.

Du verstehst deine Arbeit in der Politik als „Türöffner" oder „Weichensteller". Du möchtest dazu beitragen, dass andere sich besser mit ihrem Anliegen einbringen können. Hast du den Eindruck, dass das gelingt? Spürst davon neben den großen kirchlichen Werken und Einrichtungen auch freikirchliche Initiativen und Werke etwas? Kommen sie im politischen Alltag vor?

Ja, sie kommen vor. Viele machen eine gute Lobbyarbeit mit parlamentarischen Abenden oder anderen Einladungen, um über ihre Arbeit zu informieren.

Darüber hinaus habe ich verschiedene Möglichkeiten. Unsere Aufgabe als Parlament ist ja neben dem Kerngeschäft der Gesetzgebung, auch für unsere Anliegen Informationen zu sammeln und Netzwerke zu schaffen. Da kann ich Prioritäten setzen und Gesprächsgruppen zusammenfügen. In vielen Fällen spielen dabei auch Christen eine Rolle. So habe ich etwa gemeinsam mit Thorsten Rieewesell von Jumpers e.V. einen Runden Tisch gegen Menschenhandel initiiert, bei dem einige freikirchliche Träger mit am Tisch sitzen. Durch solche Begegnungen werden Dinge einfacher, Informationen laufen besser. Aber natürlich pflege ich diese Kontakte nicht nur mit christlichen Werken. Jeder, der eine gute Arbeit macht, ist mir immer willkommen!

Mit welchen Organisationen hast du denn in deiner Arbeit immer wieder mal zu tun?

Das ist schon eine ganze Reihe. Eine der ersten war *Opportunity International*, die mich gebeten haben Schirmherr zu werden. Dann sind da *World Vision*, *Open Doors* und manche andere. Aber natürlich arbeite ich nicht nur mit Menschenrechtsorganisationen zusammen, sondern auch mit den vielen Sozialwerken aus christlichem wie nichtchristlichem Hintergrund, denn ich bin ja auch Mitglied im Ausschuss für Arbeit und Soziales.

Du kommst bei deiner Arbeit ja auch viel in Kontakt mit Menschen aus anderen Nationen, hast regelmäßig Kontakt zu afrikanischen Botschaftern. Wie ist das, wenn man solche Gäste in seinem Büro empfängt?

Ich bekomme auf diese Weise natürlich eine Menge mit von dem, was anderswo auf der Welt passiert. Im Zusammenhang mit dem *Dalit's Freedom Network* besuchten mich Vertreter der Dalits, also der niedrigsten Kaste Indiens, um mir die Lage zu schildern. Viele der Dalits werden übrigens auch deshalb Christen, weil die Christen das Kastenwesen ablehnen. Das führt natürlich zu gewaltigen Konflikten, weil es die Gesellschaftsordnung durcheinander bringt. Viele Hindus verstehen diese Haltung der Christen nicht.

In einem anderen Fall besuchte mich ein türkischer Baptistenpastor. Der hatte das Anliegen, zu schildern, wie sehr in der Türkei Christen im ganz normalen Alltag benachteiligt werden. Beide Male konnte ich übrigens Begegnungen im Bundestag mit Abgeordneten aus verschiedenen Fraktionen initiieren. In einem anderen Fall konnten wir mit mehreren Abgeordnetenmitarbeitern eine Podiumsdiskussion zu dem Thema machen, das heißt, den Anliegen wurde ganz anders Gehör geschenkt.

Mit den afrikanischen Botschaftern habe ich einen runden Tisch zum Thema „Wasser" ins Leben gerufen. Ich bin Sprecher meiner Partei für die Themen Afrika und Menschenrecht auf Wasser im Menschenrechtsausschuss, da lag das nahe.

Gibt es auch „Besucher", auf die du liebend gerne verzichten würdest?

Zunächst sehe ich es als meine Aufgabe an, offen zu sein für das, was die Menschen bewegt. Dass sich jemand zu Wort meldet, ist ja eigentlich eine positive Sache. Womit ich jedoch meine liebe Not habe, das sind einerseits die „Besserwisser" – von denen haben wir schon gesprochen. Leute, die wissen, was – für mich – richtig oder falsch ist. Leute, die mir sagen, was ich doch jetzt wohl unbedingt zu tun habe. Leute, die mir befehlen, „ich solle der Merkel doch mal sagen …". Auf die kann ich eigentlich recht gut verzichten.

Das andere sind die zahlreichen Zuschriften, die ich bekomme, und die teilweise „nicht so nett" sind, um es mal ganz vorsichtig auszudrücken. So erhielt ich vor der Bundespräsidentenwahl um die 3.000 Zuschriften, die mir fast alle sagten, wen ich zu wählen hätte, wenn ich ein Gewissen hätte. Hörst du die Unterstellung? „Wenn ich ein Gewissen hätte …"

Es gibt auch Zuschriften, die sind weit unter der Gürtellinie. Oder es kommt vor, dass sich jemand so richtig „auskotzt" über das, was die Politik in seinen Augen so macht, und dann schließt er mit dem Satz: „Aber Sie brauchen mir gar nicht zu antworten. Ich weiß sowieso schon, was kommt." Wir haben dann nach wenigen Wochen einen Ordner angelegt, den ich „Kotzordner" nenne: da kommen solche Schreiben rein, denn solchen „Besuch" brauche ich nicht. Was mich bei all dem am meisten schockiert, ist die Tatsache, dass in diesem Kotzordner der Prozentsatz an Zuschriften von Christen weit höher ist als ihr gesellschaftlicher Anteil. Das raubt mir ab und zu auch schon mal den Schlaf in der Nacht.

Das klingt ja wirklich heftig. Gibt es denn zum Ausgleich auch ganz besondere positive Erfahrungen?

Ja klar, die gibt es natürlich auch. Da denke ich etwa an jene, die sich wirklich gut vorbereiten und mich mit sinnvollen Informationen versorgen; es gibt Initiativen, die konstruktiv eine Zusammenarbeit anbieten; es gibt Menschen, die mich ermutigen, Christen, die sagen: „Wir beten für Sie." Darunter sind Leute, die mich gar nicht persönlich kennen. Vor kurzem hat jemand einen Bericht über mich gesehen und mir dann eine E-Mail geschrieben: „Ich bete für Sie." So etwas macht mir Mut.

Am schönsten für mich ist, wenn ich Chemnitzer treffe, die einfach mal sagen: „Mensch toll, dass du uns da vertrittst!" Solche Feedbacks brauche ich hin und wieder.

Ein Vorurteil gegenüber Politikern besagt, dass sie nicht frei sind. Wie weit prägen Fraktions- und Koalitionszwänge tatsächlich den realen Alltag im Bundestag? Wie viel Freiraum hast du für persönliche Gewissensentscheidungen?

Der Freiraum ist größer, als man das von Außen her vermutet. Was gerne als „Beeinflussung" bezeichnet wird, empfinde ich oft als Unterstützung. Angesichts der vielen Themen, über die wir debattieren und entscheiden müssen, ist es gut, dass meistens irgendjemand anderes sich in einem Thema besser auskennt. Wenn er mir dann den Sachverhalt erläutert und ich im Anschluss meine Meinung ändere, dann hilft mir das. Ich möchte aufgeklärt werden! Ich möchte Informationen.

Einen wirklichen Fraktionszwang habe ich noch nicht erlebt – wohl aber nachdrückliches Werben für Positionen. Und wenn konstruktive Stimmen aus dem jeweiligen Arbeitskreis und Ausschuss genügend Argumente haben, um ihre Position zu begründen, dann kann eine Entscheidung anders ausfallen, als man vorher dachte. Ich erlebe da ganz viel Konstruktivität.

Natürlich muss ich mich drauf verlassen, dass die anderen ihre Arbeit in ihren Ausschüssen so gewissenhaft machen, wie ich es in meinen Ausschüssen versuche. Ich kann nicht bei jedem Gesetz so tief drin stecken wie die Fachleute. Genauso wie die anderen womöglich nicht so vertraut sind mit meinen Themen wie Rente oder Harz IV.

Die wirklichen Gewissensfragen sind immer frei. Aber die kommen auch nicht alle paar Wochen. „Fraktionszwang", um noch einmal auf das Stichwort zurückzukommen, darf es schon per Gesetz nicht geben. Ich halte es allerdings für unloyal, und damit nicht für legitim, auch wenn es legal ist, wenn ein Mitglied einer Fraktion seine Bedenken nicht äußert und dann dagegen stimmt. Jedes Thema wird in der Landesgruppe angesprochen, dann in der Fraktion, und dann wird es in den Medien behandelt. Da gibt es viele Gelegenheiten, seine Meinung zu sagen. Wenn man nie den Mund aufmacht und bei der Entscheidung dann gegen seine Fraktion stimmt, halte ich das nicht für fair. Wenn jemand sich vorher eingebracht hat, darf er auch mal quer gehen. Das ist gar kein Problem.

Blick über den Tellerrand mit Börsenexperte Dirk Müller (2010).

Als Beobachter der Debatten im Bundestag habe ich manchmal das Gefühl, dass dort ein Hauen und Stechen stattfindet. Liege ich damit richtig? Oder gehen die Abgeordneten normalerweise anders miteinander um? Wie würdest du das Miteinander im Bundestag beschreiben – gerade auch aus deiner Perspektive als Christ?

Vieles ist wirklich medial überhöht und ebbt nach der Debatte wieder ab. Manches geht aber auch zu weit. Einige Abgeordnete mögen sich gar nicht. Umgekehrt habe ich am Rednerpult im Plenum auch schon erlebt, wie der „Gegner" und ich Augenkontakt hatten, was dann viel von der Schärfe rausgenommen hat. In dem Zusammenhang passt das Zitat eines ehemaligen Bundestagspräsidenten. Der hatte gesagt: „Manchmal erkenne ich an der Art und Weise, wie die Redner im Bundestag reden, ob sie schon mal beim Gebetsfrühstück waren." Hier können Christen also sehr wohl einen Unterschied machen. Wenn man sich dann als Bruder oder Schwester kennt, hat der Umgang eine ganz andere Qualität. Es nimmt die Schärfe – nicht aus der Argumentation in der Sache, aber aus dem „Angriff" auf eine Person.

Persönlich bin ich übrigens davon überzeugt, dass es die Leute im Publikum oder auch an den Fernsehschirmen eher nervt, wenn sich die Politiker gegenseitig angreifen, statt um die Sache zu ringen. Allerdings erlebe ich viel öfter eine kollegiale Gemeinschaft bis hinein ins Plenum, als eine Distanz oder gar Feindseligkeit. Und das, obwohl man anderer Meinung war und hinterher auch gegensätzlich abgestimmt hat.

Auf den Fluren spielen die Dispute so gut wie keine Rolle. Wirklich, es gibt die Situation, dass sich zwei streiten wie die Besenbinder, und hinterher gehen sie zusammen einen trinken. Feindschaft kenne ich kaum.

Reim „Runden Tisch Wasser" in der Ägyptischen
Botschaft in Berlin (2013).

**Das Miteinander hängt ja immer auch davon ab, wie sich der
Einzelne einbringt. Du selbst hast kurz vor deiner Wahl im Jahr
2009 ein Buch geschrieben, das man eigentlich wie eine Art
christliche Programmschrift lesen kann: „Lieben, was das Zeug
hält. Wie Gott unser Herz verändert." Welchen Einfluss hat das,
was du in dem Buch schreibst, auf deine Arbeit?**

Du sprichst von Programmatik – darum ging es mir gar nicht. Ich
wollte nur anhand meiner eigenen Erfahrungen deutlich machen,
wie man als Christ am besten leben kann.

Was ich selber mitgenommen habe in meinen neuen Beruf ist
die Art und Weise der Auseinandersetzung; ich scheue mich nicht,
wirklich schwierigen Leuten zu begegnen. Ich fordere auf, Feind-
bilder zu überwinden, möglicherweise schwierigen Menschen der
Gesellschaft Gehör zu verschaffen. Die Begegnung mit Menschen
ist für mich eine Grundvoraussetzung, entsprechend fasse ich Din-

ge auch politisch an. Ich nehme die Menschen mit in den Prozess hinein, höre sie an, stelle mich auch schützend vor sie, wo das nötig ist. Solidarität ist für mich ein ganz großes Thema.

Die Gleichheit aller Menschen spielt für mich eine große Rolle. Sei es, dass in Afghanistan ein Mensch verfolgt oder umgebracht wird, wie vor kurzem eine junge Frau hier aus meiner Stadt Chemnitz. Oder dass jemand in Nordkorea wegen seiner Homosexualität gefoltert wird. Oder dass jemand auf den Philippinen in einem christlichen Dorf als Muslim gesteinigt wird. Für jeden von ihnen will ich mich einsetzen. Vor Gott sind sie gleich, und ich soll und will sie achten.

Dafür werde ich mir auch die Finger schmutzig machen, wenn das sein muss. Zu nichts anderem fordere ich ja in dem Buch auf: allen Menschen offen zu begegnen. Ein Gedanke, der mir in dem Buch ganz wichtig war, ist, „den anderen immer mit einem roten Teppich der Gunst zu begegnen". Ich will immer erst davon ausgehen, dass es einen legitimen Grund gibt für das Verhalten oder den Standpunkt des anderen.

Besuch von einer Chemnitzer Gruppe von Menschen
mit Behinderung in Berlin (2010).

**Du bist Abgeordneter aus Chemnitz. Chemnitz ist eine entkirch-
lichte, atheistisch geprägte Großstadt. Wie reagieren die Menschen in deiner Stadt darauf, dass „ihr Abgeordneter" nun ausgerechnet ein Heilsarmeeoffizier und Christ ist?**

Das würde ich manchmal auch gerne wissen. Im Wahlkampf habe
ich mir überlegt, ob mir das irgendwann einmal vorgehalten wird,
aber es ist nie passiert. Eine Gegenkandidatin hat mal in einer Podiumsdiskussion im Anschluss an meinen Beitrag gesagt: „So ein
geschliffener Rhetoriker wie Pastor Heinrich, da kann ich nicht
mithalten." Damit wollte sie mich ein bisschen auf die Schippe
nehmen, aber ansonsten war das nie ein Thema.

Ein wenig hat mich das schon gewundert, da ich als Heilsarmeeoffizier meinen Glauben ganz extrovertiert nach Außen tra-
ge – bis in die Zirkusmanege. Aber vielleicht hat meine Offenheit
Konflikte verhindert, denn die Menschen wussten, woran sie mit

mir waren. Es könnte diese für die Heilsarmee typische Übereinstimmung von Wort und Tat sein, die die Menschen überzeugt. Wir haben nicht nur geredet, wir haben auch entsprechend gehandelt. Wahrscheinlich ist es ja das, was man sich von einem Politiker auch wünscht.

Natürlich gibt es auch Leute, die sagen: „Es ist wunderschön, was sie als Heilsarmee tun, und wir geben Ihnen gern Geld dafür, aber haltet doch einfach den Mund." Diese Haltung gegenüber den Christen kann ich verstehen und ich respektiere sie als Abgeordneter. Wer keine Andacht von mir hören möchte, der bekommt auch keine. Denn Abgeordneter bin ich für alle Chemnitzer, für Christen und Nichtchristen, für Wähler der CDU und für alle anderen.

Ich höre heraus, dass man aber auch eine Andacht von dir bekommen kann, wenn man das will, oder? Du bist neben deiner politischen Arbeit auch noch als Prediger aktiv. Wie findest du dafür überhaupt Zeit und warum ist dir das so wichtig geblieben?

Prediger und Politiker – das sind zwei Seiten in meiner Person. Wenn ich zu einer Predigt eingeladen werde, dann wissen die Leute ja, dass ich Politiker bin, aber ich predige stets als Pastor, nicht als Politiker. Ich predige, was ich als Theologe und Christ gelernt habe, aber keine Politik.

Wenn sich die Gelegenheit bietet, predige ich gerne. Sonntags gehe ich ja ohnehin in einen Gottesdienst. Ich habe meine Arbeit in der Heilsarmee geliebt und bin immer noch der festen Überzeugung, dass die Hoffnung aus den Worten des Evangeliums absolut einen Platz in unserer Gesellschaft hat.

Bei einer Anhörung gemeinsam mit Frauen
aus der Westsahara (2011).

Passend zu deiner Biografie arbeitest du in zwei Ausschüssen mit, im Ausschuss für Arbeit und Soziales und im Ausschuss für Menschenrechte und humanitäre Hilfe. Wo siehst du darüber hinaus eine besondere Verantwortung in deiner alltäglichen Arbeit im Bundestag?

Ich bin sehr glücklich darüber, dass ich in diesen beiden Ausschüssen gelandet bin, doch hatte ich nur bedingt Einfluss darauf. Das war in unserer Fraktion ein gewisses Puzzlespiel, dessen Ergebnis nicht allein in meiner Hand lag. Es ist dann „passiert" – du entdeckst mein Schlüsselwort? – und es passt zu mir.

Mit einem Auge behalte ich auch stets den Haushaltsausschuss im Blick, der eine große Verantwortung trägt. Ich kann noch so viel in meinem Sozialausschuss auf und nieder springen, wenn das im Haushaltsausschuss am Schluss nicht durchgesetzt wird, dann habe ich mich umsonst bemüht. Also gilt auch: Prioritätensetzung. Nicht alles, was man wünscht, kann man auch bezahlen.

Sehr nahe liegen mir auch die Bereiche Außenpolitik und wirtschaftliche Zusammenarbeit.

Gibt es Bereiche, die aus christlicher Sicht ganz besonders wichtig sind? Wo liegt das stärkste Interesse aus christlicher Sicht? Vielleicht im Bundesministerium für Familie, Senioren, Frauen und Jugend?

Weil du ein konkretes Ministerium ansprichst: Die letzen beiden Ministerinnen würden sich vielleicht nicht als konservativ, aber durchaus als Christen bezeichnen. Aber uns allen muss klar sein: es gibt keine optimale Familienministerin oder Familienminister, weder aus christlicher noch aus anderer Perspektive. Jeder Minister kann auch in diesem Ressort zwar Schwerpunkte setzen, muss aber zugleich viele Interessen verbinden. Man darf auch nicht die Arbeit eines Ministeriums auf nur eine Person reduzieren. Wie müsste denn dann der optimale Minister aussehen, dass alle mit ihm zufrieden sind? Der einen wirft man vor, dass sie kaum Familienpolitik verkörpern kann, weil sie sich um ihre Kinder nicht kümmere. Der anderen wirft man vor, sie habe keine Kinder. Wäre die Lösung also bei einer Großmuter zu finden, die die Jugend nicht versteht, oder einem Mann, der die Frauenprobleme nicht kennt?

Es gibt keine optimale Lösung aus christlicher Erwartung, weder im Familienministerium noch in jedem anderen Ministerium. Davon abgesehen bin ich der Überzeugung, dass wirklich alle Lebensbereiche gleich wichtig sind für Christen. Deshalb sollten wir uns nicht auf einen Bereich konzentrieren, sondern das Ganze im Blick behalten und überall versuchen, Akzente zu setzen. Doch letztlich glaube ich, dass in jedem Bereich Raum und Bedarf für die christliche Perspektive ist.

Auf einer Delegationsreise zum Thema Religionsfreiheit
in den Libanon und nach Jordanien (2012).

**Du betonst immer wieder, wie wichtig du das politische Engage-
ment der Christen auf den unterschiedlichen Ebenen findest.
Welche Rolle spielen für dich, der du ja Abgeordneter einer großen Partei bist, die verschiedenen kleinen christlichen Parteien?**

Grundsätzlich finde ich es gut, wenn Christen sich in der Politik
einbringen, doch kommt es immer auch auf die Zielsetzung der
Parteien und Gruppen an. Als ich selbst vor Jahren einmal Kandidat einer kleinen Partei war, habe ich zuvor klar gemacht, dass ich
mit einigen ihrer Stellungnahmen Schwierigkeiten hätte, aber zur
Verfügung stände, wenn es ihnen darum ginge, bei bestimmten
Themen Farbe zu bekennen.

Ich finde es wichtig und angemessen, sich in der Öffentlichkeit
zu bestimmten Werten zu bekennen. Doch Poster aushängen mit
Bibelversen, das halte ich für nicht legitim. Das ist für meine Be-

griffe Mission. Hier wird die politische Tätigkeit missbraucht, und dann stimmt etwas nicht.

Davon abgesehen halte ich allerdings den realpolitischen Anspruch der kleinen Parteien für begrenzt. Wer das Ziel hat, in dieser Gesellschaft tatsächlich etwas zu bewegen, wird das grundlegend wohl kaum mit einer kleinen Partei erreichen können.

„Wer wirklich etwas bewegen will …" Frank, du möchtest etwas bewegen, doch auch als Mitglied einer großen Partei sind deine Möglichkeiten begrenzt. Nicht alles ist immer und sofort erreichbar. Was sind deiner Meinung nach aktuell die wichtigsten Baustellen? Was möchtest du anpacken?

Da gibt es große Aufgaben. Auf jeden Fall müssen wir wegkommen vom Schulden machen; die Euro-Krise zeigt, dass wir über unsere Verhältnisse gelebt haben. Gleichzeitig gilt es, den Sozialstaat fit zu machen. Die Rente, die Arbeit, die Krankenversicherung – hier sind dicke Bretter zu bohren, damit es gerecht zugeht. Kinder und Familie müssen wieder die Bedeutung bekommen, die ihnen zusteht. In meiner Heimatstadt Chemnitz tut sich sehr viel, es ist eine Freude, hier zu leben. Sie könnte aber noch einen Schuss mehr Optimismus und Hoffnung gebrauchen. Wir wollen wieder bei 300.000 Einwohnern ankommen. Und das kann gelingen.

Ganz persönlich möchte ich verkörpern, dass man Ehrlichkeit und Charakter in der Politik leben kann. Ich möchte da Verantwortung übernehmen, wo es nötig ist. Verantwortung ist meine Mission.

Welche Unterstützung brauchst du dafür, was wünschst du dir von den Menschen?

Alle Christen bitte ich: betet für mich und meine Kollegen. Wir brauchen das. Viele Entscheidungen sind sehr groß, und niemand kann in die Zukunft schauen. Wir handeln nach bestem Wissen und Gewissen, aber immer auch in einer großen Demut. Ich kann nicht alles richtig, und es schon gar nicht allen Recht machen, aber in Verantwortung vor Gott und den Menschen gebe ich mein Bestes.

Schließlich wünsche ich mir von allen Bürgern, Christen und Nichtchristen, dass wir im Gespräch bleiben. Nicht draufhauen – erst nachfragen, und dann können wir auch gerne konstruktiv streiten, wenn wir verschiedene Meinungen haben.

Einsicht – Von Montag und Dienstag ...

Als Christ im Bundestag. Montags. Und dienstags. Und mittwochs ...[8]

Mein Christsein, mein Glaube ist das Wichtigste in meinem Leben. Es ist der Dreh- und Angelpunkt meines Lebens. Die Leidenschaft Gottes, der aus Liebe alles für die Menschen gegeben hat, ist der Motor meines Tuns. Mit meinem Buch *Lieben, was das Zeug hält* habe ich ein Plädoyer für einen Lebensstil der radikalen Nachfolge geschrieben.

Meine Eltern leiteten ein christliches Altenheim. Mitten unter diesen alten – und teilweise sehr gebrechlichen – Menschen bin ich aufgewachsen. Da habe ich viele fromme Worthülsen hören müssen – und zugleich soviel Neid und Streit erlebt, dass mir schon manchmal meine Zweifel kamen. Mein Vater hingegen war ein lebendiges Vorbild für einen Glauben und ein Leben, das in tätiger Liebe wirksam ist. Was er sonntags predigte, hat er montags gelebt. Das hat mich entscheidend geprägt.

Und so lag es wohl nicht fern, dass ich einen ähnlichen Weg einschlug. Nach meinem Studium der Sozialpädagogik erlebte ich während meiner Tätigkeit in einem Begegnungscafé der Heilsarmee in Freiburg eine Berufung: ich wurde Heilsarmeeoffizier. In diesem Dienst sind Glaube und tätige Liebe eng miteinander verzahnt.

Nach zwölf Jahren gemeinsamem Dienst mit meiner Frau in der Heilsarmee Chemnitz, in denen eine kleine Gemeinde aufblühte, eine zweite Gemeinde entstand und wir einige Vereine für Kinder und Jugendliche gründen konnten, wollte ich mich noch stärker für das Gemeinwesen meiner Stadt engagieren.

---

8   Dieser Artikel erschien zuerst in der Zeitschrift *Aufatmen, Sonderheft Glaube am Montag.* Bundes-Verlag, Witten 2011.

Deshalb trat ich vor vier Jahren einer politischen Partei bei. Anderthalb Jahre später, im September 2009, wurde ich als Direktkandidat in den Deutschen Bundestag gewählt. Für mich ist das wie eine Weiterführung meiner Berufung und ohne meinen Glauben kaum denkbar. Die Wahl selber ist ein Wunder. Von der Nominierung bis zum Wahlabend reihte sich eine „Unmöglichkeit" an die nächste: Neuling in der Politik, Chemnitz vom politischen Gegner dominiert, kaum eine finanzielle Ausstattung für den Wahlkampf usw. Die Tätigkeit als Abgeordneter ist, wie gesagt, die unmittelbare Fortsetzung meines bisherigen Engagements. Daher auch meine Tätigkeit in den Ausschüssen für „Arbeit und Soziales" sowie für „Menschenrechte und humanitäre Hilfe". Ich habe einen Beruf, der zu einhundert Prozent aus Einsatz für Gott und die Menschen besteht. Wer kann das schon von sich sagen?

Warum ich diesen Text so einleite? Weil ich manchmal brutal darunter leide, was Christen über Politiker denken. Da müsse man sich verbiegen, das eigene Gewissen ignorieren, faule Kompromisse machen, sich korrumpieren lassen. Ehrliches Christsein, so der Tenor etlicher Briefe und E-Mails und Kommentare, die ich bekomme, sei in der Politik nicht möglich. Da werde getrickst und getäuscht, gelogen und betrogen. Für Gott sei da kein Raum.

Ich erlebe es völlig anders. Viele der Abgeordneten sind Christen. Sehr viele Abgeordnete sind fleißig und orientieren ihr Handeln an festen Werten und Überzeugungen. Sie haben großen Respekt für den Glauben und die Gewissensentscheidungen der anderen. Ich musste mein Christsein bisher nie verstecken. Im Gegenteil, ich werde häufig darauf angesprochen. Hier müssen einige „besonders Fromme" dringend umdenken!

Nein, der Bundestag ist kein Haifischbecken. Er ist ein Lebens- und Gestaltungsraum, in dem ich mich als Christ und ehemaliger Heilsarmeeoffizier fühle wie ein Fisch im Wasser.

Frank Heinrich am Schreibtisch in seinem
Büro im Berliner Paul-Löbe-Haus.

Gott ganz nah

Wie lebt man nun den Glauben in einem Alltag wie dem meinen? In dem viele Wochen sechs, manche sieben Tage und viele Tage 16 Stunden Arbeit mit sich bringen? Zu allererst muss ich sagen, dass ich mich Gott noch nie dauerhaft so nahe gefühlt habe. Ob es an der permanenten Überforderung liegt? Es sind so viele Begegnungen, Entscheidungen und Aufgaben täglich – da ist das Gebet um Gottes Beistand mein ständiger Begleiter. Und wie oft ich Gottes minutengenaue Führung erlebe – das kann ich schon gar nicht mehr zählen.

Meine Kollegen haben den gleichen Alltag zu bewältigen, da habe ich schon öfter mal angeboten: „Ich bete für Sie." Und da hat mich noch keiner komisch angesehen – auch nicht ein Thomas de Maizière am Tag seiner Ernennung zum Minister. Ganz im Gegenteil, er war sehr dankbar.

Für stille Momente ist im politischen Betrieb wenig Zeit. Da ich ein Nachtmensch bin, lese ich meine Bibel oft spät abends – wenn nicht gerade noch 50 E-Mails zu beantworten sind.

Ein fester Termin in meinen Berlin-Wochen ist das Gebetsfrühstück am Freitag. Abgeordnete aus verschiedenen Parteien treffen sich zu einer kurzen Andacht über den Losungstext, einer Austauschrunde und zum Gebet. Eine echte geistliche Oase.

Ohnehin bedeutet mir das Gebet viel. Ich bin dankbar für vielfältige Formen von Fürbitte. Neben meinem Rundbrief versende ich einen regelmäßigen Gebetsbrief. Mit den drei Gebets-Wohnungen, die sich im Berliner Regierungsviertel gebildet haben, stehe ich in Verbindung. Da das Networking zu meinen Stärken gehört, bin ich dankbar, dass ich mit vielen anderen Christen in Berlin im Austausch stehen kann.

Am Wochenende besuche ich, wann immer ich kann, den Gottesdienst meiner Heilsarmeegemeinde in Chemnitz, der zum Glück am Abend stattfindet. Häufig werde ich als Prediger oder Referent zu christlichen Veranstaltungen eingeladen. So kann ich mich nicht nur als Christ in die Politik einbringen, sondern auch als Politiker christliche Gemeinden prägen.

Das Wort ergreifen

Ein besonderes Privileg meiner Position ist, dass ich christlichen Initiativen in Berlin Gehör verschaffen kann. Nehmen wir etwa die Micha-Initiative der Deutschen Evangelischen Allianz, die sich dafür einsetzt, die Millenniumsentwicklungsziele gegenüber der Politik einzufordern (die Bundesrepublik Deutschland etwa hat sich verpflichtet, bis 2015 insgesamt 0,7 % der Mittel des Bundeshaushaltes für Entwicklungszusammenarbeit zur Verfügung zu stellen, wovon wir noch deutlich entfernt sind). Ich habe ihre Vertreter empfangen oder auch zu offiziellen Anlässen eingeladen.

Oder nehmen wir die Mitarbeit im Stephanus-Kreis meiner Fraktion, der sich für verfolgte Christen weltweit engagiert. Da kann man schon eine Menge bewegen. Und wenn ich dann erfahre, dass ein inhaftierter kubanischer Baptist, der jahrelang zu Unrecht im Gefängnis saß, entlassen wurde, nachdem ich eine politische Patenschaft für ihn übernommen habe, dann ist das für mich gelebter Glaube in Reinkultur (was übrigens auch gilt, wenn die Bemühungen für e nen tibetisch-buddhistischen Dissidenten erfolgreich sind).

Wie verhalte ich mich als Christ bei inhaltlichen Beschlüssen meiner Partei, die ich nicht mittragen kann? Nun, das sind gar nich: so viele. Und übrigens sind es auch oft Fragen, die von Christen unter-schiedlich beantwortet werden. Nehmen wir nur mal die Strategie für Afghanistan. Da gibt es keine einfach christliche Position. Bei wirklichen Gewissensfragen haben die Abgeordneten Freiheit, etwa bei der Frage nach dem Atomausstieg, oder bei Menschenrechts-themen wie der Präimplantationsdiagnostik (PID). Davon mache ich auch Gebrauch und stimme mitunter gegen meine Fraktion. Bei vielen anderen Themen braucht es natürlich auch eine gewisse Loyali-tät und die Bereitschaft zu Kompromissen. Aber in welchem Beruf ist das anders?

Erstaunlich ist aber auch in diesem Bereich, was Christen manch-mal von Abgeordneten erwarten. Da schrieb mir doch jemand vor der Wahl des Bundespräsidenten: „Folgen Sie nicht dem Fraktionszwang, sondern Ihrem Gewissen. Wählen Sie Joachim Gauck!" Schön, dass da einer mein Gewissen kennt ... Da braucht es schon mitunter eine große Portion Barmherzigkeit. Und ein gutes Team, das einem den Rücken stärkt.

Der Glaube ist in meinem Leben seit im Bundestag bin – und ich hoffe, das wurde deutlich – präsenter denn je. Ich würde mir sehr wünschen, dass viele Christen das erkennen und entweder selbst politische Verantwortung übernehmen oder aber zumindest den Christen in der Politik (und allen anderen natürlich auch) mit Wohlwollen begegnen und sie im Gebet begleiten.

Für mich persönlich gilt: Alles, was ich tue, ist Ausdruck meiner Haltung: „vor Gott und den Menschen". Egal wo.

Die Autoren

Frank Heinrich, Jahrgang 1964, war nach seinem Studium der Sozialarbeit und einem Theologiestudium an der Offiziersschule der Heilsarmee viele Jahre verantwortlich für die Arbeit der Heilsarmee in Chemnitz. Seit 2009 vertritt er Chemnitz als Abgeordneter im Bundestag in Berlin. Frank Heinrich ist verheiratet mit Regina und hat vier Kinder. Er ist Mitglied im Hauptvorstand der Deutschen Evangelischen Allianz. Im Neufeld Verlag erschien sein Buch *Lieben, was das Zeug hält – Wie Gott unser Herz verändert.*

www.frankheinrich.de

Uwe Heimowski, ebenfalls Jahrgang 1964, leitet die Evangelisch-Freikirchliche Gemeinde Gera und ist wissenschaftlicher Mitarbeiter von Frank Heinrich. Darüber hinaus ist er als Berater und Referent unterwegs. Uwe Heimowski ist verheiratet mit Christine, sie haben fünf Kinder. Er hat bereits zahlreiche Artikel und Bücher verfasst. Im Neufeld Verlag ist bisher erschienen:

- *Ich bin dafür! 44 Mutmacher für den Alltag*
- *Weiter so! 44 neue Mutmacher für den Alltag*
- *Brunos Dankeschön – Geschichten von der Reeperbahn*
- *Ich will bei dir sein – Du trauerst nicht allein (mit Mini-CD)*
- *Die Heilsarmee: Practical Religion – gelebter Glaube*

www.uwe-heimowski.de

NEUFELD VERLAG

Frank Heinrich

Lieben, was das Zeug hält

Wie Gott unser Herz verändert

n ⓥ

Wir sollen lieben, was das Zeug hält. Das ist möglich, weil Gott uns mit seiner Liebe „infiziert" und unser Herz verändert. Den Rest können wir lernen. Und wir *wollen* lieben, was das Zeug hält – damit die Welt um uns herum uns wieder an der Liebe als Gottes Kinder erkennt.

„Motivierend, herausfordernd und lesenswert!"
dran

Vorwort von Peter Strauch, 128 Seiten, gebunden,
ISBN 978-3-937896-83-0,
als E-Book: ISBN 978-3-86256-730-0

Folgen Sie dem Neufeld Verlag auch
in unserem Blog: www.neufeld-verlag.de/blog
sowie auf www.facebook.com/NeufeldVerlag

www.neufeld-verlag.de ❤ www.neufeld-verlag.ch

NEUFELD VERLAG

n^v

Uwe Heimowski

Brunos Dankeschön

Geschichten von der Reeperbahn

Uwe Heimowski lebte einige Jahre in Hamburg St. Pauli. Liebevoll porträtiert er in diesen zwölf Geschichten gesellschaftliche Randsiedler, wie es sie nicht nur auf der Reeperbahn, sondern nahezu überall gibt.

„Heimowskis Geschichten von der Reeperbahn sind voller Menschlichkeit. Nach dem Lesen sieht man die Welt anders."

141 Seiten, gebunden, ISBN 978-3-937896-12-0,
als E-Book: ISBN 978-3-86256-739-3

Folgen Sie dem Neufeld Verlag auch
in unserem Blog: www.neufeld-verlag.de/blog
sowie auf www.facebook.com/NeufeldVerlag

www.neufeld-verlag.de ❣ www.neufeld-verlag.ch

*Der **Neufeld Verlag** ist ein unabhängiger, inhabergeführter Verlag mit einem ambitionierten Programm. Wir möchten bewegen, inspirieren und unterhalten. Und wir haben eine Leidenschaft für ...*

... den Glauben. Wir glauben, dass es einen Gott gibt. Dass die Welt und jedes einzelne Leben kein Zufall ist. Es berührt uns, dass Gott diese Welt liebt. Und dass es möglich ist, dieser Liebe zu begegnen. Wir sind fasziniert von der Bibel, die uns motiviert, Gott zu vertrauen und Jesus Christus nachzufolgen.

... Persönlichkeiten. Dass die Bücher, die im Neufeld Verlag erscheinen, echt sind, dass sie etwas mitteilen vom wahren Leben, ist uns wichtiger als die Frage, wie prominent ein Autor ist. Wir lieben Bücher, die mit „Ich" anfangen. Geschichten und Biografien von authentischen Persönlichkeiten finden wir spannend. Wir sind fasziniert von Menschen, die etwas zu sagen haben. Und das sind meistens Menschen, die etwas erlebt haben.

... Menschen mit Behinderung. Dünne Beine, dicke Lippen, große Füße, kleine Ohren, lange Nase, kurze Arme – wir Menschen sind nun mal verschieden. Und was unser Leben wertvoll macht und reich, was uns glücklich macht und zufrieden, hat nichts damit zu tun, was andere „normal" finden. Von Menschen mit sichtbaren Behinderungen, mit Beeinträchtigungen oder einem besonderen Bedarf an Unterstützung können wir eine Menge lernen. Zum Beispiel, was Mensch sein wirklich heißt. Zu sehen, was wirklich wichtig ist. Und das Leben anzunehmen. Auch wenn es ganz anders kommt.

Folgen Sie uns auch in unserem Blog unter www.neufeld-verlag.de/ blog und auf www.facebook.com/NeufeldVerlag!